TRANZLATY

La Langue est pour tout le Monde

Язык для всех

Le Manifeste Communiste

Манифест Коммунистической партии

Karl Marx

&

Friedrich Engels

Français / Русский

Published by Tranzlaty
ISBN: 978-1-80572-375-2
Original text by Karl Marx and Friedrich Engels
The Communist Manifesto
First published in 1848
www.tranzlaty.com

Introduction
Знакомство

Un spectre hante l'Europe : le spectre du communisme
Призрак бродит по Европе — призрак коммунизма
Toutes les puissances de la vieille Europe ont conclu une sainte alliance pour exorciser ce spectre
Все державы старой Европы вступили в священный союз, чтобы изгнать этот призрак
Le pape et le tsar, Metternich et Guizot, les radicaux français et les espions de la police allemande
Папа и царь, Меттерних и Гизо, французские радикалы и немецкие полицейские-шпионы
Où est le parti dans l'opposition qui n'a pas été décrié comme communiste par ses adversaires au pouvoir ?
Где та оппозиционная партия, которая не была осуждена своими оппонентами у власти как коммунистическая?
Où est l'opposition qui n'a pas rejeté le reproche de marque du communisme contre les partis d'opposition les plus avancés ?
Где та оппозиция, которая не отбросила бы клеймо коммунизма в адрес более передовых оппозиционных партий?
Et où est le parti qui n'a pas porté l'accusation contre ses adversaires réactionnaires ?
И где та партия, которая не выдвинула обвинения против своих реакционных противников?
Deux choses résultent de ce fait
Из этого факта вытекают две вещи
I. Le communisme est déjà reconnu par toutes les puissances européennes comme étant lui-même une puissance
I. Коммунизм уже признан всеми европейскими державами в качестве державы
II. Il est grand temps que les communistes publient ouvertement, à la face du monde entier, leurs vues, leurs buts et leurs tendances

II. Коммунистам давно пора открыто, перед лицом всего мира, обнародовать свои взгляды, цели и тенденции

ils doivent répondre à ce conte enfantin du spectre du communisme par un manifeste du parti lui-même

они должны встретить эту детскую сказку о призраке коммунизма манифестом самой партии

À cette fin, des communistes de diverses nationalités se sont réunis à Londres et ont esquissé le manifeste suivant

С этой целью коммунисты разных национальностей собрались в Лондоне и набросали следующий манифест

ce manifeste sera publié en anglais, français, allemand, italien, flamand et danois

Этот манифест должен быть опубликован на английском, французском, немецком, итальянском, фламандском и датском языках

Et maintenant, il doit être publié dans toutes les langues proposées par Tranzlaty

И теперь она будет издана на всех языках, которые предлагает Tranzlaty

Les bourgeois et les prolétaires
Буржуа и пролетарии

L'histoire de toutes les sociétés qui ont existé jusqu'à présent est l'histoire des luttes de classes

История всех существовавших до сих пор обществ есть история классовой борьбы

Homme libre et esclave, patricien et plébéien, seigneur et serf, maître de guilde et compagnon

Свободный человек и раб, патриций и плебей, господин и крепостной, мастер гильдии и подмастерье

en un mot, oppresseur et opprimé

Одним словом, угнетатель и угнетенный

Ces classes sociales étaient en opposition constante les unes avec les autres

Эти социальные классы находились в постоянном противостоянии друг с другом

Ils se sont battus sans interruption. Maintenant caché, maintenant ouvert

Они вели непрерывную борьбу. То скрытый, то открытый

un combat qui s'est terminé par une reconstitution révolutionnaire de la société dans son ensemble

борьба, которая закончилась революционным переустройством общества в целом

ou un combat qui s'est terminé par la ruine commune des classes en lutte

или борьба, закончившаяся общим разорением борющихся классов

Jetons un coup d'œil aux époques antérieures de l'histoire

Обратимся к более ранним эпохам истории

Nous trouvons presque partout un arrangement compliqué de la société en divers ordres

Почти всюду мы находим сложное устройство общества на различные порядки

Il y a toujours eu une gradation multiple du rang social

Всегда существовала многообразная градация социального ранга

Dans la Rome antique, nous avons des patriciens, des chevaliers, des plébéiens, des esclaves

В Древнем Риме были патриции, рыцари, плебеи, рабы

au Moyen Âge : seigneurs féodaux, vassaux, maîtres de corporation, compagnons, apprentis, serfs

в средние века: феодалы, вассалы, цеховые мастера, подмастерья, подмастерья, крепостные

Dans presque toutes ces classes, encore une fois, les gradations subordonnées

почти во всех этих классах, опять же, подчиненные градации

La société bourgeoise moderne est née des ruines de la société féodale

Современное буржуазное общество выросло из руин феодального общества

Mais ce nouvel ordre social n'a pas fait disparaître les antagonismes de classe

Но этот новый общественный строй не устранил классовых антагонизмов

Elle n'a fait qu'établir de nouvelles classes et de nouvelles conditions d'oppression

Она лишь создала новые классы и новые условия угнетения

Il a mis en place de nouvelles formes de lutte à la place des anciennes

Она установила новые формы борьбы взамен старых

Cependant, l'époque dans laquelle nous nous trouvons possède un trait distinctif

Однако эпоха, в которой мы находимся, имеет одну отличительную черту

l'époque de la bourgeoisie a simplifié les antagonismes de classe

эпоха буржуазии упростила классовые антагонизмы

La société dans son ensemble se divise de plus en plus en deux grands camps hostiles

Общество в целом все больше и больше раскалывается на два больших враждебных лагеря

deux grandes classes sociales qui se font directement face : la bourgeoisie et le prolétariat

два больших социальных класса, непосредственно противостоящих друг другу: буржуазия и пролетариат

Des serfs du Moyen Âge sont sortis les bourgeois agréés des premières villes

Из крепостных крестьян Средневековья произошли зафрахтованные бюргеры самых ранних городов

C'est à partir de ces bourgeois que se sont développés les premiers éléments de la bourgeoisie

Из этих горожан развились первые элементы буржуазии

La découverte de l'Amérique et le contournement du Cap

Открытие Америки и огибание мыса

ces événements ont ouvert un nouveau terrain à la bourgeoisie montante

Эти события открыли новую почву для поднимающейся буржуазии

Les marchés des Indes orientales et de la Chine, la colonisation de l'Amérique, le commerce avec les colonies

Рынки Ост-Индии и Китая, колонизация Америки, торговля с колониями

l'augmentation des moyens d'échange et des marchandises en général

Увеличение средств обмена и вообще товаров

Ces événements donnèrent au commerce, à la navigation et à l'industrie une impulsion jamais connue jusque-là

Эти события придали торговле, мореплаванию и промышленности невиданный ранее импульс

Elle a donné un développement rapide à l'élément révolutionnaire dans la société féodale chancelante

Она дала быстрое развитие революционному элементу шатающегося феодального общества

Les guildes fermées avaient monopolisé le système féodal de la production industrielle

Закрытые гильдии монополизировали феодальную систему промышленного производства

Mais cela ne suffisait plus aux besoins croissants des nouveaux marchés

Но этого уже было недостаточно для удовлетворения растущих потребностей новых рынков

Le système manufacturier a pris la place du système féodal de l'industrie

Мануфактурная система заняла место феодальной системы промышленности

Les maîtres de guilde étaient poussés d'un côté par la classe moyenne manufacturière

Цеховых мастеров оттеснил в сторону промышленный средний класс

La division du travail entre les différentes corporations a disparu

Разделение труда между различными корпоративными гильдиями исчезло

La division du travail s'infiltrait dans chaque atelier

Разделение труда проникло в каждую мастерскую

Pendant ce temps, les marchés ne cessaient de croître et la demande ne cessait d'augmenter

Между тем, рынки продолжали расти, а спрос постоянно расти

Même les usines ne suffisaient plus à répondre à la demande

Даже заводов уже не хватало для удовлетворения потребностей

À partir de là, la vapeur et les machines ont révolutionné la production industrielle

После этого пар и машины произвели революцию в промышленном производстве

La place de fabrication a été prise par le géant de l'industrie moderne

Место производства занял гигант «Современная индустрия»

La place de la classe moyenne industrielle a été prise par des millionnaires industriels

Место промышленного среднего класса заняли промышленные миллионеры

la place de chefs d'armées industrielles entières ont été prises par la bourgeoisie moderne

место вождей целых промышленных армий заняла современная буржуазия

la découverte de l'Amérique a ouvert la voie à l'industrie moderne pour établir le marché mondial

Открытие Америки проложило путь современной промышленности к установлению мирового рынка

Ce marché donna un immense développement au commerce, à la navigation et aux communications par terre

Этот рынок дал огромное развитие торговле, мореплаванию и сухопутным коммуникациям

Cette évolution a, en son temps, réagi à l'extension de l'industrie

В свое время это развитие отразилось на расширении промышленности

elle a réagi proportionnellement à l'expansion de l'industrie et à l'extension du commerce, de la navigation et des chemins de fer

Она реагировала пропорционально тому, как расширялась промышленность, как развивались торговля, мореплавание и железные дороги

dans la même proportion que la bourgeoisie s'est développée, elle a augmenté son capital

в той же пропорции, в какой развивалась буржуазия, она увеличивала свой капитал

et la bourgeoisie a relégué à l'arrière-plan toutes les classes héritées du Moyen Âge

и буржуазия оттеснила на задний план все классы, унаследованные от средневековья

c'est pourquoi la bourgeoisie moderne est elle-même le produit d'un long développement

Таким образом, современная буржуазия сама является продуктом длительного развития

On voit qu'il s'agit d'une série de révolutions dans les modes de production et d'échange

Мы видим, что это ряд революций в способах производства и обмена

Chaque étape du développement de la bourgeoisie s'accompagnait d'une avancée politique correspondante

Каждый шаг буржуазии в развитии сопровождался соответствующим политическим продвижением

Une classe opprimée sous l'emprise de la noblesse féodale

Угнетенный класс под властью феодальной знати

Une association armée et autonome dans la commune médiévale

Вооруженное и самоуправляющееся объединение в средневековой коммуне

ici, une république urbaine indépendante (comme en Italie et en Allemagne)

здесь независимая городская республика (как в Италии и Германии)

là, un « tiers état » imposable de la monarchie (comme en France)

там налогооблагаемое "третье сословие" монархии (как во Франции)

par la suite, dans la période de fabrication proprement dite

впоследствии, в период собственно изготовления

la bourgeoisie servait soit la monarchie semi-féodale, soit la monarchie absolue

Буржуазия служила либо полуфеодальной, либо абсолютной монархии

ou bien la bourgeoisie faisait contrepoids à la noblesse

или буржуазия выступала в качестве противовеса дворянству

et, en fait, la bourgeoisie était une pierre angulaire des grandes monarchies en général

и действительно, буржуазия была краеугольным камнем великих монархий вообще

mais l'industrie moderne et le marché mondial se sont établis depuis lors

но с тех пор современная промышленность и мировой рынок утвердились

et la bourgeoisie s'est emparée de l'emprise politique exclusive

и буржуазия завоевала для себя исключительное политическое господство

elle a obtenu cette influence politique à travers l'État représentatif moderne

Она добилась такого политического влияния через современное представительное государство

Les exécutifs de l'État moderne ne sont qu'un comité de gestion

Исполнительная власть современного государства – это всего лишь руководящий комитет

et ils gèrent les affaires communes de toute la bourgeoisie

и они управляют общими делами всей буржуазии

La bourgeoisie, historiquement, a joué un rôle des plus révolutionnaires

Буржуазия исторически играла самую революционную роль

Partout où elle a pris le dessus, elle a mis fin à toutes les relations féodales, patriarcales et idylliques

Всюду, где она одерживала верх, она прекращала все феодальные, патриархальные и идиллические отношения

Elle a impitoyablement déchiré les liens féodaux hétéroclites qui liaient l'homme à ses « supérieurs naturels »

Она безжалостно разорвала пестрые феодальные узы, связывавшие человека с его «естественными высшими»

et il n'y a plus de lien entre l'homme et l'homme, si ce n'est l'intérêt personnel

И она не оставила никакой связи между людьми, кроме голого эгоизма

Les relations de l'homme entre eux ne sont plus qu'un « paiement en espèces » impitoyable

Отношения людей друг с другом стали не более чем бездушной «денежной платой»

Elle a noyé les extases les plus célestes de la ferveur religieuse

Она заглушила самые небесные экстазы религиозного пыла

elle a noyé l'enthousiasme chevaleresque et le sentimentalisme philistin

Она утопила рыцарский энтузиазм и филистерский сентиментализм

Il a noyé ces choses dans l'eau glacée du calcul égoïste

Она утопила все это в ледяной воде эгоистического расчета

Il a transformé la valeur personnelle en valeur échangeable

Она превратила личную ценность в обмениваемую ценность

elle a remplacé les innombrables et inaliénables libertés garanties par la Charte

Она пришла на смену бесчисленным и неотъемлемым хартиям свобод

et il a mis en place une liberté unique et inadmissible ; Libre-échange

и она установила единственную, бессовестную свободу; Свободная торговля

En un mot, il l'a fait pour l'exploitation

Одним словом, она сделала это для эксплуатации

Une exploitation voilée par des illusions religieuses et politiques

эксплуатация, завуалированная религиозными и политическими иллюзиями

l'exploitation voilée par une exploitation nue, éhontée, directe, brutale

эксплуатация, завуалированная голой, бесстыдной, прямой, жестокой эксплуатацией

la bourgeoisie a enlevé l'auréole de toutes les occupations jusque-là honorées et vénérées

буржуазия сорвала ореол со всех ранее почитаемых и почитаемых занятий

le médecin, l'avocat, le prêtre, le poète et l'homme de science

Врач, юрист, священник, поэт и ученый

Il a converti ces travailleurs distingués en ses travailleurs salariés

Она превратила этих выдающихся рабочих в своих наемных рабочих

La bourgeoisie a déchiré le voile sentimental de la famille

Буржуазия сорвала сентиментальную завесу с семьи

et elle a réduit la relation familiale à une simple relation d'argent

И это свело семейные отношения к чисто денежным отношениям

la brutale démonstration de vigueur au Moyen Âge que les réactionnaires admirent tant

жестокое проявление энергии в средние века, которым так восхищаются реакционеры

Même cela a trouvé son complément approprié dans l'indolence la plus paresseuse

Но даже это нашло свое достойное дополнение в самой ленивой ленивой праздности

La bourgeoisie a révélé comment tout cela s'est passé

Буржуазия раскрыла, как все это происходило

La bourgeoisie a été la première à montrer ce que l'activité de l'homme peut produire

Буржуазия была первой, кто показал, к чему может привести деятельность человека

Il a accompli des merveilles surpassant de loin les pyramides égyptiennes, les aqueducs romains et les cathédrales gothiques

Он совершил чудеса, намного превосходящие египетские пирамиды, римские акведуки и готические соборы

et il a mené des expéditions qui ont mis dans l'ombre tous les anciens Exodes des nations et les croisades

и он проводил экспедиции, которые затмили все прежние Исходы народов и крестовые походы

La bourgeoisie ne peut exister sans révolutionner sans cesse les instruments de production

Буржуазия не может существовать без постоянной революции орудий производства

et par conséquent elle ne peut exister sans ses rapports à la production

и, следовательно, он не может существовать без своих отношений к производству

et donc elle ne peut exister sans ses relations avec la société

И поэтому она не может существовать без своих отношений с обществом

Toutes les classes industrielles antérieures avaient une condition en commun

Все более ранние индустриальные классы имели одно общее условие

Ils s'appuyaient sur la conservation des anciens modes de production

Они полагались на консервацию старых способов производства

mais la bourgeoisie a apporté avec elle une dynamique tout à fait nouvelle

но буржуазия принесла с собой совершенно новую динамику

Révolution constante de la production et perturbation ininterrompue de toutes les conditions sociales

Постоянная революция в производстве и непрерывное нарушение всех социальных условий

cette incertitude et cette agitation perpétuelles distinguent l'époque bourgeoise de toutes les époques antérieures

эта вечная неопределенность и волнение отличает эпоху буржуазии от всех предшествующих эпох

Les relations antérieures avec la production s'accompagnaient de préjugés et d'opinions anciens et vénérables

Прежние отношения с производством были связаны с древними и почтенными предрассудками и мнениями

Mais toutes ces relations figées et figées sont balayées d'un revers de main

Но все эти фиксированные, быстро застывшие отношения сметаются

Toutes les relations nouvellement formées deviennent archaïques avant de pouvoir s'ossifier

Все новообразованные отношения устаревают, не успев закостенеть

Tout ce qui est solide se fond dans l'air, et tout ce qui est saint est profané

Все твердое растворяется в воздухе, и все святое оскверняется

L'homme est enfin forcé de faire face, avec des sens sobres, à ses conditions réelles de vie

В конце концов человек вынужден трезво взглянуть в лицо своим реальным условиям жизни

et il est obligé de faire face à ses relations avec les siens

и он вынужден смотреть в лицо своим отношениям с себе подобными

La bourgeoisie a constamment besoin d'élargir ses marchés pour ses produits

Буржуазия постоянно нуждается в расширении рынков сбыта своей продукции

et, à cause de cela, la bourgeoisie est poursuivie sur toute la surface du globe

и из-за этого буржуазию гонят по всей поверхности земного шара

La bourgeoisie doit se nicher partout, s'installer partout, établir des liens partout

Буржуазия должна всюду гнездиться, всюду селиться, везде устанавливать связи

La bourgeoisie doit créer des marchés dans tous les coins du monde pour exploiter

Буржуазия должна создавать рынки во всех уголках мира для эксплуатации

La production et la consommation dans tous les pays ont reçu un caractère cosmopolite

Производство и потребление в каждой стране приобрели космополитический характер

le chagrin des réactionnaires est palpable, mais il s'est poursuivi malgré tout

Огорчение реакционеров ощутимо, но оно продолжается, несмотря на все

La bourgeoisie a tiré de dessous les pieds de l'industrie le terrain national sur lequel elle se trouvait

Буржуазия вытащила из-под ног промышленности ту национальную почву, на которой она стояла

Toutes les anciennes industries nationales ont été détruites, ou sont détruites chaque jour

Все старые национальные отрасли промышленности разрушены или разрушаются ежедневно

Toutes les anciennes industries nationales sont délogées par de nouvelles industries

Все старые национальные отрасли вытесняются новыми отраслями промышленности

Leur introduction devient une question de vie ou de mort pour toutes les nations civilisées

Их введение становится вопросом жизни и смерти для всех цивилизованных народов

Ils sont délogés par les industries qui ne travaillent plus la matière première indigène

Их вытесняют отрасли, которые больше не перерабатывают местное сырье

Au lieu de cela, ces industries extraient des matières premières des zones les plus reculées

Вместо этого эти отрасли добывают сырье из самых отдаленных зон

dont les produits sont consommés, non seulement chez nous, mais dans tous les coins du monde

отрасли, продукция которых потребляется не только у себя дома, но и во всех уголках земного шара

À la place des anciens besoins, satisfaits par les productions du pays, nous trouvons de nouveaux besoins

На смену прежним потребностям, удовлетворяемым произведениями страны, мы приходим новые потребности

Ces nouveaux besoins exigent pour leur satisfaction les produits des pays et des climats lointains

Эти новые потребности требуют для своего удовлетворения продуктов дальних стран и климатов

À la place de l'ancien isolement et de l'autosuffisance locaux et nationaux, nous avons le commerce

Вместо прежней местной и национальной замкнутости и самодостаточности мы имеем торговлю

les échanges internationaux dans toutes les directions ; l'interdépendance universelle des nations

международный обмен во всех направлениях; Всеобщая взаимозависимость наций

Et de même que nous sommes dépendants des matériaux, nous sommes dépendants de la production intellectuelle

И точно так же, как мы зависим от материалов, мы зависим от интеллектуального производства

Les créations intellectuelles des nations individuelles deviennent la propriété commune

Интеллектуальные творения отдельных народов становятся общим достоянием

L'unilatéralité nationale et l'étroitesse d'esprit deviennent de plus en plus impossibles

Национальная односторонность и ограниченность становятся все более невозможными

et des nombreuses littératures nationales et locales, surgit une littérature mondiale

А из многочисленных национальных и местных литератур возникает мировая литература

par l'amélioration rapide de tous les instruments de production

быстрым совершенствованием всех орудий производства

par les moyens de communication immensément facilités

с помощью чрезвычайно облегченных средств связи

La bourgeoisie entraîne tout le monde (même les nations les plus barbares) dans la civilisation

Буржуазия вовлекает в цивилизацию всех (даже самые варварские народы)

Les prix bon marché de ses marchandises ; l'artillerie lourde qui abat toutes les murailles chinoises

Дешевые цены на его товары; тяжелая артиллерия, которая сокрушает все китайские стены

La haine obstinée des barbares contre les étrangers est forcée de capituler

Упорная ненависть варваров к чужеземцам вынуждена капитулировать

Elle oblige toutes les nations, sous peine d'extinction, à adopter le mode de production bourgeois

Она вынуждает все нации под страхом исчезновения перейти к буржуазному способу производства

elle les oblige à introduire ce qu'elle appelle la civilisation en leur sein

Она вынуждает их ввести в свою среду то, что она называет цивилизацией

La bourgeoisie force les barbares à devenir eux-mêmes bourgeois

Буржуазия заставляет варваров самим стать буржуазией

en un mot, la bourgeoisie crée un monde à son image

одним словом, буржуазия создает мир по своему образу и подобию

La bourgeoisie a soumis les campagnes à la domination des villes

Буржуазия подчинила деревню господству городов

Il a créé d'énormes villes et considérablement augmenté la population urbaine

Она создала огромные города и значительно увеличила городское население

Il a sauvé une partie considérable de la population de l'idiotie de la vie rurale

Она спасла значительную часть населения от идиотизма сельской жизни

mais elle a rendu les ruraux dépendants des villes

Но это сделало тех, кто жил в сельской местности, зависимыми от городов

et de même, elle a rendu les pays barbares dépendants des pays civilisés

Точно так же она поставила варварские страны в зависимость от цивилизованных

nations paysannes sur nations bourgeoises, l'Orient sur Occident

нации крестьян на нации буржуазии, Восток на Запад

La bourgeoisie se débarrasse de plus en plus de l'éparpillement de la population

Буржуазия все больше и больше уничтожает раздробленность населения

Il a une production agglomérée et a concentré la propriété entre quelques mains

Она имеет агломерированное производство и концентрирует собственность в немногих руках

La conséquence nécessaire de cela a été la centralisation politique

Неизбежным следствием этого стала политическая централизация

Il y avait eu des nations indépendantes et des provinces vaguement reliées entre elles

Существовали независимые государства и слабо связанные между собой провинции

Ils avaient des intérêts, des lois, des gouvernements et des systèmes d'imposition distincts

У них были свои интересы, законы, правительства и системы налогообложения

Mais ils ont été regroupés en une seule nation, avec un seul gouvernement

Но они слились в одну нацию, с одним правительством

Ils ont maintenant un intérêt de classe national, une frontière et un tarif douanier

Теперь у них один национальный классовый интерес, одна граница и один таможенный тариф

Et cet intérêt de classe national est unifié sous un seul code de loi

И этот национальный классовый интерес объединен в одном своде законов

la bourgeoisie a accompli beaucoup de choses au cours de son règne d'à peine cent ans

Буржуазия многого добилась за время своего правления, которое длилось всего сто лет

forces productives plus massives et plus colossales que toutes les générations précédentes réunies

более массивных и колоссальных производительных сил, чем у всех предшествующих поколений вместе взятых

Les forces de la nature sont soumises à la volonté de l'homme et de ses machines

Силы природы подчинены воле человека и его механизмов

La chimie s'applique à toutes les formes d'industrie et à tous les types d'agriculture

Химия применяется во всех формах промышленности и видах сельского хозяйства

la navigation à vapeur, les chemins de fer, les télégraphes électriques et l'imprimerie

пароходство, железные дороги, электрический телеграф и печатный станок

défrichement de continents entiers pour la culture, canalisation des rivières

расчистка целых континентов для возделывания, канализация рек

Des populations entières ont été extirpées du sol et mises au travail

Целые народы были вызваны из земли и принуждены к работе

Quel siècle précédent avait ne serait-ce qu'un pressentiment de ce qui pourrait être déchaîné ?

Какое предыдущее столетие имело хотя бы предчувствие того, что может быть выпущено на свободу?

Qui aurait prédit que de telles forces productives sommeillaient dans le giron du travail social ?

Кто предсказал, что такие производительные силы дремлют на лоне общественного труда?

Nous voyons donc que les moyens de production et d'échange ont été générés dans la société féodale

Итак, мы видим, что средства производства и обмена были созданы в феодальном обществе

les moyens de production sur la base desquels la bourgeoisie s'est construite

средства производства, на фундаменте которых строилась буржуазия

À un certain stade du développement de ces moyens de production et d'échange

На определенном этапе развития этих средств производства и обмена

les conditions dans lesquelles la société féodale produisait et échangeait

условия, в которых феодальное общество производило и обменивало

L'organisation féodale de l'agriculture et de l'industrie manufacturière

феодальная организация сельского хозяйства и обрабатывающей промышленности

Les rapports féodaux de propriété n'étaient plus compatibles avec les conditions matérielles

Феодальные отношения собственности уже не соответствовали материальным условиям

Ils devaient être brisés, alors ils ont été brisés

Они должны были быть разорваны на части, поэтому они были разорваны на части

À leur place s'est ajoutée la libre concurrence des forces productives

На их место пришла свободная конкуренция со стороны производительных сил

et ils étaient accompagnés d'une constitution sociale et politique adaptée à celle-ci

И они сопровождались приспособленной к нему социальной и политической конституцией

et elle s'accompagnait de l'emprise économique et politique de la classe bourgeoise

и это сопровождалось экономическим и политическим господством класса буржуазии

Un mouvement similaire est en train de se produire sous nos yeux

Подобное движение происходит на наших глазах

La société bourgeoise moderne avec ses rapports de production, d'échange et de propriété

Современное буржуазное общество с его производственными отношениями, отношениями обмена и собственности

une société qui a inventé des moyens de production et d'échange aussi gigantesques

общество, которое создало такие гигантские средства производства и обмена

C'est comme le sorcier qui a invoqué les puissances de l'au-delà

Это похоже на колдуна, который призвал силы нижнего мира

Mais il n'est plus capable de contrôler ce qu'il a mis au monde

Но он больше не в состоянии контролировать то, что принес в мир

Pendant de nombreuses décennies, l'histoire a été liée par un fil conducteur

На протяжении многих десятилетий прошлые истории были связаны общей нитью

L'histoire de l'industrie et du commerce n'a été que l'histoire des révoltes

История промышленности и торговли была не чем иным, как историей восстаний

Les révoltes des forces productives modernes contre les conditions modernes de production

Восстания современных производительных сил против современных условий производства

Les révoltes des forces productives modernes contre les rapports de propriété

Восстания современных производительных сил против отношений собственности

ces rapports de propriété sont les conditions de l'existence de la bourgeoisie

эти отношения собственности являются условиями существования буржуазии

et l'existence de la bourgeoisie détermine les règles des rapports de propriété

а существование буржуазии определяет правила отношений собственности

Il suffit de mentionner le retour périodique des crises commerciales

Достаточно упомянуть о периодическом возвращении торговых кризисов

chaque crise commerciale est plus menaçante pour la société bourgeoise que la précédente

Каждый торговый кризис угрожает буржуазному обществу больше, чем предыдущий.

Dans ces crises, une grande partie des produits existants sont détruits

В этих кризисах уничтожается большая часть существующих продуктов

Mais ces crises détruisent aussi les forces productives créées précédemment

Но эти кризисы разрушают и ранее созданные производительные силы

Dans toutes les époques antérieures, ces épidémies auraient semblé une absurdité

Во все прежние эпохи эти эпидемии казались бы абсурдом

parce que ces épidémies sont les crises commerciales de la surproduction

Потому что эти эпидемии являются коммерческими кризисами перепроизводства

La société se trouve soudain remise dans un état de barbarie momentanée

Общество внезапно оказывается вновь ввергнутым в состояние сиюминутного варварства

comme si une guerre universelle de dévastation avait coupé tous les moyens de subsistance

как если бы всеобщая война на опустошение отрезала все средства к существованию

l'industrie et le commerce semblent avoir été détruits ; Et pourquoi ?

промышленность и торговля, по-видимому, были разрушены; А почему?

Parce qu'il y a trop de civilisation et de moyens de subsistance

Потому что там слишком много цивилизации и средств к существованию

et parce qu'il y a trop d'industrie et trop de commerce

и потому, что здесь слишком много промышленности и слишком много торговли

Les forces productives à la disposition de la société ne développent plus la propriété bourgeoise

Производительные силы, находящиеся в распоряжении общества, больше не развивают буржуазную собственность

au contraire, ils sont devenus trop puissants pour ces conditions, par lesquelles ils sont enchaînés

напротив, они стали слишком сильными для тех условий, которыми они скованы

dès qu'ils surmontent ces entraves, ils mettent le désordre dans toute la société bourgeoise

как только они преодолевают эти оковы, они вносят беспорядок во все буржуазное общество

et les forces productives mettent en danger l'existence de la propriété bourgeoise

производительные силы ставят под угрозу существование буржуазной собственности

Les conditions de la société bourgeoise sont trop étroites pour englober les richesses qu'elles créent

Условия буржуазного общества слишком узки, чтобы вместить в себя созданное ими богатство

Et comment la bourgeoisie surmonte-t-elle ces crises ?

И как буржуазия преодолевает эти кризисы?

D'une part, elle surmonte ces crises par la destruction forcée d'une masse de forces productives

С одной стороны, она преодолевает эти кризисы насильственным уничтожением массы производительных сил

D'autre part, elle surmonte ces crises par la conquête de nouveaux marchés

С другой стороны, она преодолевает эти кризисы путем завоевания новых рынков

et elle surmonte ces crises par l'exploitation plus poussée des anciennes forces productives

И эти кризисы она преодолевает путем более тщательной эксплуатации старых производительных сил

C'est-à-dire en ouvrant la voie à des crises plus étendues et plus destructrices

Иными словами, прокладывая путь к более обширным и более разрушительным кризисам

elle surmonte la crise en diminuant les moyens de prévention des crises

Она преодолевает кризис, уменьшая средства, с помощью которых кризисы предотвращаются

Les armes avec lesquelles la bourgeoisie a abattu le féodalisme sont maintenant retournées contre elle-même

Оружие, которым буржуазия повергла феодализм в землю, теперь обращено против нее самой

Mais non seulement la bourgeoisie a-t-elle forgé les armes qui lui apportent la mort

Но не только буржуазия выковала оружие, несущее ей смерть

Il a également appelé à l'existence les hommes qui doivent manier ces armes

Она также вызвала к жизни людей, которые должны владеть этим оружием

Et ces hommes sont la classe ouvrière moderne ; Ce sont les prolétaires

И эти люди и есть современный рабочий класс; Это пролетарии

À mesure que la bourgeoisie se développe, le prolétariat se développe dans la même proportion

По мере развития буржуазии развивается и пролетариат

La classe ouvrière moderne a développé une classe d'ouvriers

Современный рабочий класс развил класс рабочих

Cette classe d'ouvriers ne vit que tant qu'elle trouve du travail

Этот класс рабочих живет лишь до тех пор, пока они находят работу

et ils ne trouvent de travail qu'aussi longtemps que leur travail augmente le capital

И они находят работу лишь до тех пор, пока их труд увеличивает капитал

Ces ouvriers, qui doivent se vendre à la pièce, sont une marchandise

Эти рабочие, которые должны продавать себя по частям, являются товаром

Ces ouvriers sont comme tous les autres articles de commerce

Эти рабочие подобны всякому другому предмету торговли

et, par conséquent, ils sont exposés à toutes les vicissitudes de la concurrence

и, следовательно, они подвержены всем превратностям конкуренции

Ils doivent faire face à toutes les fluctuations du marché

Они должны выдержать все колебания рынка

En raison de l'utilisation intensive des machines et de la division du travail

Благодаря широкому применению машин и разделению труда

Le travail des prolétaires a perdu tout caractère individuel

Работа пролетариев утратила всякий индивидуальный характер

et, par conséquent, le travail des prolétaires a perdu tout charme pour l'ouvrier

Следовательно, труд пролетариев утратил всякую прелесть для рабочего

Il devient un appendice de la machine, plutôt que l'homme qu'il était autrefois

Он становится придатком машины, а не человеком, которым он когда-то был

On n'exige de lui que l'habileté la plus simple, la plus monotone et la plus facile à acquérir

От него требуется только самая простая, однообразная и самая легко приобретаемая сноровка

Par conséquent, le coût de production d'un ouvrier est limité

Следовательно, издержки производства рабочего ограничены

elle se limite presque entièrement aux moyens de subsistance dont il a besoin pour son entretien

оно почти целиком ограничивается теми жизненными средствами, которые необходимы ему для его содержания

et elle est limitée aux moyens de subsistance dont il a besoin pour la propagation de sa race

и оно ограничивается средствами существования, которые необходимы ему для продолжения рода

Mais le prix d'une marchandise, et par conséquent aussi du travail, est égal à son coût de production

Но цена товара, а следовательно, и труда равна издержкам его производства

C'est pourquoi, à mesure que le travail répugnant augmente, le salaire diminue

Следовательно, по мере того, как возрастает отвращение к труду, уменьшается и заработная плата

Bien plus, le caractère répugnant de son travail augmente à un rythme encore plus grand

Более того, отвратительность его работы возрастает с еще большей скоростью

À mesure que l'utilisation des machines et la division du travail augmentent, le fardeau du labeur augmente également

По мере роста использования машин и разделения труда возрастает и бремя тяжелого труда

La charge de travail est augmentée par la prolongation du temps de travail

Тяжесть тяжелого труда увеличивается за счет удлинения рабочего дня

On attend plus de l'ouvrier dans le même temps qu'auparavant

В то же время, как и раньше, от рабочего ожидается больше, чем раньше

Et bien sûr, le poids du labeur est augmenté par la vitesse de la machine

И, конечно же, тяжесть труда увеличивается из-за скорости машин

L'industrie moderne a transformé le petit atelier du maître patriarcal en la grande usine du capitaliste industriel

Современная промышленность превратила маленькую мастерскую патриархального хозяина в большую фабрику промышленного капиталиста

Des masses d'ouvriers, entassés dans l'usine, s'organisent comme des soldats

Массы рабочих, скученные на фабрике, организованы, как солдаты

En tant que simples soldats de l'armée industrielle, ils sont placés sous le commandement d'une hiérarchie parfaite d'officiers et de sergents

Как рядовые промышленной армии, они подчиняются совершенной иерархии офицеров и сержантов

ils ne sont pas seulement les esclaves de la classe bourgeoise et de l'État

они не только рабы класса буржуазии и государства

Mais ils sont aussi asservis quotidiennement et d'heure en heure par la machine

Но они также ежедневно и ежечасно порабощаются машиной

ils sont asservis par le surveillant, et surtout par le fabricant bourgeois lui-même

они порабощены надсмотрщиком и, прежде всего, самим буржуазным фабрикантом

Plus ce despotisme proclame ouvertement que le gain est sa fin et son but, plus il est mesquin, plus haïssable et plus aigri

Чем более открыто этот деспотизм провозглашает выгоду своей целью и целью, тем он мелочнее, тем ненавистнее и ожесточенее

Plus l'industrie moderne se développe, moins les différences entre les sexes sont grandes

Чем более развитой становится современная промышленность, тем меньше различия между полами

Moins le travail manuel exige d'habileté et d'effort de force, plus le travail des hommes est supplanté par celui des femmes

Чем меньше мастерства и напряжения сил подразумевается в ручном труде, тем больше труд мужчин вытесняется трудом женщин

Les différences d'âge et de sexe n'ont plus de validité sociale distincte pour la classe ouvrière

Возрастные и половые различия больше не имеют какой-либо отличительной социальной значимости для рабочего класса

Tous sont des instruments de travail, plus ou moins coûteux à utiliser, selon leur âge et leur sexe

Все они являются орудиями труда, более или менее дорогими в использовании, в зависимости от их возраста и пола

dès que l'ouvrier reçoit son salaire en espèces, il est attaqué par les autres parties de la bourgeoisie

Как только рабочий получает свою заработную плату наличными, на него нападают другие части буржуазии

le propriétaire, le commerçant, le prêteur sur gages, etc

Арендодатель, лавочник, ростовщик и т.д

Les couches inférieures de la classe moyenne ; les petits commerçants et les commerçants

Низшие слои среднего класса; мелкие торговцы и лавочники

les commerçants retraités en général, et les artisans et les paysans

вообще отставные торговцы, а также ремесленники и крестьяне

tout cela s'enfonce peu à peu dans le prolétariat

все это постепенно погружается в пролетариат

en partie parce que leur petit capital ne suffit pas à l'échelle sur laquelle l'industrie moderne est exercée

отчасти потому, что их крошечный капитал недостаточен для тех масштабов, в которых развивается современная промышленность

et parce qu'elle est submergée par la concurrence avec les grands capitalistes

и потому, что она погрязла в конкуренции с крупными капиталистами

en partie parce que leur savoir-faire spécialisé est rendu sans valeur par les nouvelles méthodes de production

Отчасти потому, что их специализированное мастерство становится бесполезным из-за новых методов производства

Ainsi le prolétariat se recrute dans toutes les classes de la population

Таким образом, пролетариат рекрутируется из всех классов населения

Le prolétariat passe par différents stades de développement

Пролетариат проходит различные ступени развития

Avec sa naissance commence sa lutte contre la bourgeoisie

С его рождения начинается его борьба с буржуазией

Dans un premier temps, la lutte est menée par des ouvriers individuels

Сначала состязание ведется отдельными рабочими

Ensuite, le concours est mené par les ouvriers d'une usine

Затем конкурс ведут рабочие фабрики

Ensuite, la lutte est menée par les agents d'un métier, dans une localité

Затем конкурс проводится рабочими одной профессии, в одном населенном пункте

et la lutte est alors contre la bourgeoisie individuelle qui les exploite directement

и тогда борьба идет против отдельной буржуазии, которая непосредственно эксплуатирует ее

Ils ne dirigent pas leurs attaques contre les conditions de production de la bourgeoisie

Они направляют свои нападки не против буржуазных условий производства

mais ils dirigent leur attaque contre les instruments de production eux-mêmes

Но они направляют свои нападки против самих орудий производства

Ils détruisent les marchandises importées qui font concurrence à leur main-d'œuvre

Они уничтожают импортные товары, которые конкурируют с их трудом

Ils brisent les machines et mettent le feu aux usines

Они разбивают машины и поджигают заводы

ils cherchent à restaurer par la force le statut disparu de l'ouvrier du Moyen Âge

они стремятся силой восстановить исчезнувший статус средневекового рабочего

À ce stade, les ouvriers forment encore une masse incohérente dispersée dans tout le pays

На этой ступени рабочие еще образуют бессвязную массу, разбросанную по всей стране

et ils sont brisés par leur concurrence mutuelle

и они раздроблены взаимной конкуренцией

S'ils s'unissent quelque part pour former des corps plus compacts, ce n'est pas encore la conséquence de leur propre union active

Если где-то они и объединяются, образуя более компактные тела, то это еще не является следствием их собственного активного союза

mais c'est une conséquence de l'union de la bourgeoisie, d'atteindre ses propres fins politiques

но это следствие объединения буржуазии для достижения своих собственных политических целей

la bourgeoisie est obligée de mettre en mouvement tout le prolétariat

Буржуазия вынуждена приводить в движение весь пролетариат

et d'ailleurs, pour un temps, la bourgeoisie est capable de le faire

и более того, до поры до времени буржуазия в состоянии это делать

À ce stade, les prolétaires ne combattent donc pas leurs ennemis

Поэтому на этой стадии пролетарии не борются со своими врагами

mais au lieu de cela, ils combattent les ennemis de leurs ennemis

Но вместо этого они сражаются с врагами своих врагов

La lutte contre les vestiges de la monarchie absolue et les propriétaires terriens

Борьба с остатками абсолютной монархии и помещиками

ils combattent la bourgeoisie non industrielle ; la petite bourgeoisie

они борются с непромышленной буржуазией; мелкая буржуазия

Ainsi tout le mouvement historique est concentré entre les mains de la bourgeoisie

Таким образом, все историческое движение сосредоточено в руках буржуазии

chaque victoire ainsi obtenue est une victoire pour la bourgeoisie

Каждая победа, одержанная таким образом, есть победа буржуазии

Mais avec le développement de l'industrie, le prolétariat ne se contente pas d'augmenter en nombre

Но с развитием промышленности пролетариат не только увеличивается в численности

le prolétariat se concentre en masses plus grandes et sa force s'accroît

Пролетариат концентрируется в больших массах, и его сила растет

et le prolétariat ressent de plus en plus cette force

и пролетариат все больше и больше чувствует эту силу

Les divers intérêts et conditions de vie dans les rangs du prolétariat sont de plus en plus égalisés

Различные интересы и условия жизни в рядах пролетариата все более и более уравниваются

elles deviennent plus proportionnelles à mesure que les machines effacent toutes les distinctions de travail

Они становятся все более и более пропорциональными по мере того, как машины уничтожают все различия в труде

et les machines réduisent presque partout les salaires au même bas niveau

и машины почти везде понижают заработную плату до того же низкого уровня

La concurrence croissante entre la bourgeoisie et les crises commerciales qui en résultent rendent les salaires des ouvriers de plus en plus fluctuants

Растущая конкуренция среди буржуазии и вызванные ею торговые кризисы делают заработную плату рабочих все более колеблющейся

L'amélioration incessante des machines, qui se développe de plus en plus rapidement, rend leurs moyens d'existence de plus en plus précaires

Непрестанное совершенствование машин, все более быстро развивающихся, делает их средства к существованию все более и более ненадежными

les collisions entre les ouvriers individuels et la bourgeoisie individuelle prennent de plus en plus le caractère de collisions entre deux classes

столкновения между отдельными рабочими и отдельной буржуазией все более и более приобретают характер столкновений между двумя классами

Là-dessus, les ouvriers commencent à former des associations (syndicats) contre la bourgeoisie

После этого рабочие начинают создавать союзы (тред-юнионы) против буржуазии

Ils s'associent pour maintenir le taux des salaires

Они объединяются для того, чтобы поддерживать уровень заработной платы

Ils fondèrent des associations permanentes afin de pourvoir à l'avance à ces révoltes occasionnelles

Они создавали постоянные ассоциации, чтобы заранее подготовиться к этим случайным восстаниям

Ici et là, la lutte éclate en émeutes

То тут, то там соперничество перерастает в беспорядки

De temps en temps, les ouvriers sont victorieux, mais seulement pour un temps

Время от времени рабочие одерживают победу, но только на время

Le vrai fruit de leurs luttes n'est pas dans le résultat immédiat, mais dans l'union toujours plus grande des travailleurs

Действительный плод их борьбы заключается не в непосредственном результате, а во все более расширяющемся союзе рабочих

Cette union est favorisée par les moyens de communication améliorés créés par l'industrie moderne

Этому союзу способствуют усовершенствованные средства сообщения, созданные современной промышленностью

La communication moderne met en contact les travailleurs de différentes localités les uns avec les autres

Современные коммуникации позволяют рабочим разных населенных пунктов соприкасаться друг с другом

C'était précisément ce contact qui était nécessaire pour centraliser les nombreuses luttes locales en une lutte nationale entre les classes

Именно этот контакт был необходим для того, чтобы централизовать многочисленную локальную борьбу в одну национальную борьбу между классами

Toutes ces luttes sont du même caractère, et toute lutte de classe est une lutte politique

Все эти виды борьбы носят один и тот же характер, и всякая классовая борьба есть борьба политическая

les bourgeois du moyen âge, avec leurs misérables routes, mettaient des siècles à former leurs syndicats

Средневековым бюргеры с их жалкими дорогами потребовались столетия, чтобы образовать свои союзы

Les prolétaires modernes, grâce aux chemins de fer, réalisent leurs syndicats en quelques années

Современные пролетарии, благодаря железным дорогам, добиваются своих союзов в течение нескольких лет

Cette organisation des prolétaires en classe les a donc formés en parti politique

Эта организация пролетариев в класс превратила их в политическую партию

La classe politique est continuellement bouleversée par la concurrence entre les travailleurs eux-mêmes

Политический класс постоянно расстраивается из-за конкуренции между самими рабочими

Mais la classe politique continue de se soulever, plus forte, plus ferme, plus puissante

Но политический класс продолжает подниматься, становясь сильнее, тверже и могущественнее

Elle oblige la législation à reconnaître les intérêts particuliers des travailleurs

Она вынуждает законодательно признать особые интересы трудящихся

il le fait en profitant des divisions au sein de la bourgeoisie elle-même

она делает это, пользуясь расколом внутри самой буржуазии

C'est ainsi qu'en Angleterre fut promulguée la loi sur les dix heures

Таким образом, в Англии был принят закон о десятичасовом рабочем дне

à bien des égards, les collisions entre les classes de l'ancienne société sont en outre le cours du développement du prolétariat

во многом столкновения между классами старого общества являются дальнейшим ходом развития пролетариата

La bourgeoisie se trouve engagée dans une bataille de tous les instants

Буржуазия оказывается вовлеченной в постоянную борьбу

Dans un premier temps, il se trouvera impliqué dans une bataille constante avec l'aristocratie

Сначала она окажется вовлеченной в постоянную борьбу с аристократией

plus tard, elle se trouvera engagée dans une lutte constante avec ces parties de la bourgeoisie elle-même

в дальнейшем она окажется вовлеченной в постоянную борьбу с теми частями самой буржуазии,

et leurs intérêts seront devenus antagonistes au progrès de l'industrie

и их интересы станут антагонистичными по отношению к прогрессу промышленности

à tout moment, leurs intérêts seront devenus antagonistes avec la bourgeoisie des pays étrangers

во все времена их интересы будут антагонистически относиться к буржуазии зарубежных стран

Dans toutes ces batailles, elle se voit obligée de faire appel au prolétariat et lui demande son aide

Во всех этих битвах она считает себя вынужденной взывать к пролетариату и просит у него помощи

Et ainsi, il se sentira obligé de l'entraîner dans l'arène politique

и, таким образом, она будет чувствовать себя вынужденной втянуть его на политическую арену

C'est pourquoi la bourgeoisie elle-même fournit au prolétariat ses propres instruments d'éducation politique et générale

Таким образом, буржуазия сама снабжает пролетариат своими орудиями политического и общего воспитания

c'est-à-dire qu'il fournit au prolétariat des armes pour combattre la bourgeoisie

другими словами, она снабжает пролетариат оружием для борьбы с буржуазией

De plus, comme nous l'avons déjà vu, des sections entières des classes dominantes sont précipitées dans le prolétariat

Далее, как мы уже видели, целые слои господствующих классов втягиваются в пролетариат

le progrès de l'industrie les aspire dans le prolétariat

развитие промышленности засасывает их в пролетариат

ou, du moins, ils sont menacés dans leurs conditions d'existence

Или, по крайней мере, они находятся под угрозой в условиях своего существования

Ceux-ci fournissent également au prolétariat de nouveaux éléments d'illumination et de progrès

Они также дают пролетариату новые элементы просвещения и прогресса

Enfin, à l'approche de l'heure décisive de la lutte des classes

Наконец, во времена, когда классовая борьба приближается к решающему часу

le processus de dissolution en cours au sein de la classe dirigeante

Процесс разложения, происходящий внутри правящего класса

En fait, la dissolution en cours au sein de la classe dirigeante se fera sentir dans toute la société

На самом деле, разложение, происходящее внутри правящего класса, будет ощущаться во всем обществе

Il prendra un caractère si violent et si flagrant qu'une petite partie de la classe dirigeante se laissera aller à la dérive

Она примет такой жестокий, вопиющий характер, что небольшая часть правящего класса откажется от нее

et que la classe dirigeante rejoindra la classe révolutionnaire

И этот правящий класс присоединится к революционному классу

La classe révolutionnaire étant la classe qui tient l'avenir entre ses mains

Революционный класс — это класс, который держит будущее в своих руках

Comme à une époque antérieure, une partie de la noblesse passa dans la bourgeoisie

Как и в прежние времена, часть дворянства перешла на сторону буржуазии

de la même manière qu'une partie de la bourgeoisie passera au prolétariat

точно так же часть буржуазии перейдет на сторону пролетариата

en particulier, une partie de la bourgeoisie passera à une partie des idéologues de la bourgeoisie

в частности, часть буржуазии перейдет на сторону части идеологов буржуазии

Des idéologues bourgeois qui se sont élevés au niveau de la compréhension théorique du mouvement historique dans son ensemble

Идеологи буржуазии, поднявшиеся до уровня теоретического осмысления исторического движения в целом

De toutes les classes qui se trouvent aujourd'hui en face de la bourgeoisie, seule le prolétariat est une classe vraiment révolutionnaire

Из всех классов, стоящих сегодня лицом к лицу с буржуазией, только пролетариат является действительно революционным классом

Les autres classes se dégradent et finissent par disparaître devant l'industrie moderne

Другие классы разлагаются и в конце концов исчезают перед лицом современной промышленности

le prolétariat est son produit spécial et essentiel

Пролетариат есть его особый и существенный продукт

La petite bourgeoisie, le petit industriel, le commerçant, l'artisan, le paysan

Низший средний класс, мелкий фабрикант, лавочник, ремесленник, крестьянин

toutes ces luttes contre la bourgeoisie

все эти борются с буржуазией

Ils se battent en tant que fractions de la classe moyenne pour se sauver de l'extinction

Они борются как фракции среднего класса, чтобы спасти себя от вымирания

Ils ne sont donc pas révolutionnaires, mais conservateurs

Поэтому они не революционные, а консервативные

Bien plus, ils sont réactionnaires, car ils essaient de faire reculer la roue de l'histoire

Более того, они реакционны, потому что пытаются повернуть колесо истории вспять

Si par hasard ils sont révolutionnaires, ils ne le sont qu'en vue de leur transfert imminent dans le prolétariat

Если они случайно и являются революционными, то только ввиду их предстоящего перехода в пролетариат

Ils défendent ainsi non pas leurs intérêts présents, mais leurs intérêts futurs

Таким образом, они защищают не свои настоящие, а будущие интересы

ils désertent leur propre point de vue pour se placer à celui du prolétariat

они отказываются от своей собственной точки зрения, чтобы встать на точку зрения пролетариата

La « classe dangereuse », la racaille sociale, cette masse en décomposition passive rejetée par les couches les plus basses de la vieille société

«Опасный класс», социальная мразь, эта пассивно гниющая масса, отбрасываемая низшими слоями старого общества

Ils peuvent, ici et là, être entraînés dans le mouvement par une révolution prolétarienne

Кое-где они могут быть втянуты в движение пролетарской революцией

Ses conditions de vie, cependant, le préparent beaucoup plus au rôle d'instrument soudoyé de l'intrigue réactionnaire

Однако условия ее жизни в гораздо большей степени подготавливают ее к роли подкупленного орудия реакционных интриг

Dans les conditions du prolétariat, ceux de l'ancienne société dans son ensemble sont déjà virtuellement submergés

В условиях пролетариата старое общество в целом уже фактически затоплено

Le prolétaire est sans propriété

Пролетарий без собственности

ses rapports avec sa femme et ses enfants n'ont plus rien de commun avec les relations familiales de la bourgeoisie

его отношение к жене и детям уже не имеет ничего общего с семейными отношениями буржуазии

le travail industriel moderne, la sujétion moderne au capital, la même en Angleterre qu'en France, en Amérique comme en Allemagne

современный промышленный труд, современное подчинение капиталу, то же самое в Англии, как и во Франции, в Америке, как и в Германии

Sa condition dans la société l'a dépouillé de toute trace de caractère national

Его положение в обществе лишило его всех следов национального характера

La loi, la morale, la religion, sont pour lui autant de préjugés bourgeois

Закон, мораль, религия — вот для него множество буржуазных предрассудков

et derrière ces préjugés se cachent en embuscade autant d'intérêts bourgeois

и за этими предрассудками скрываются в засаде столько же интересов буржуазии

Toutes les classes précédentes, qui ont pris le dessus, ont cherché à fortifier leur statut déjà acquis

Все предшествующие классы, одержавшие верх, стремились укрепить свой уже приобретенный статус

Ils l'ont fait en soumettant la société dans son ensemble à leurs conditions d'appropriation

Они сделали это, подчинив общество в целом своим условиям присвоения

Les prolétaires ne peuvent pas devenir maîtres des forces productives de la société

Пролетарии не могут стать хозяевами производительных сил общества

elle ne peut le faire qu'en abolissant son propre mode d'appropriation antérieur

Она может сделать это, только упразднив свой прежний способ присвоения

et par là même elle abolit tout autre mode d'appropriation antérieur

Тем самым она упраздняет и все другие прежние способы присвоения

Ils n'ont rien à eux pour s'assurer et se fortifier

У них нет ничего своего, что можно было бы обезопасить и укрепить

Leur mission est de détruire toutes les sûretés antérieures et les assurances de biens individuels

Их миссия состоит в том, чтобы уничтожить все предыдущие гарантии и страховки индивидуального имущества

Tous les mouvements historiques antérieurs étaient des mouvements de minorités

Все предыдущие исторические движения были движениями меньшинств

ou bien il s'agissait de mouvements dans l'intérêt des minorités

или это были движения в интересах меньшинств

Le mouvement prolétarien est le mouvement conscient et indépendant de l'immense majorité

Пролетарское движение есть сознательное, самостоятельное движение громадного большинства

Et c'est un mouvement dans l'intérêt de l'immense majorité

И это движение в интересах огромного большинства

Le prolétariat, couche la plus basse de notre société actuelle

Пролетариат, низший слой нашего современного общества

elle ne peut ni s'agiter ni s'élever sans que toutes les couches supérieures de la société officielle ne soient soulevées en l'air

Она не может ни пошевелиться, ни возвыситься без того, чтобы в воздух не были подняты все вышестоящие слои официального общества

Loin d'être dans le fond, mais dans la forme, la lutte du prolétariat contre la bourgeoisie est d'abord une lutte nationale

Хотя и не по существу, но по форме, борьба пролетариата с буржуазией есть сначала национальная борьба

Le prolétariat de chaque pays doit, bien entendu, régler d'abord ses affaires avec sa propre bourgeoisie

Пролетариат каждой страны должен, конечно, прежде всего уладить дела со своей буржуазией

En décrivant les phases les plus générales du développement du prolétariat, nous avons retracé la guerre civile plus ou moins voilée

Изображая самые общие фазы развития пролетариата, мы прослеживали более или менее завуалированную гражданскую войну

Ce civil fait rage au sein de la société existante

Это гражданское насилие бушует в существующем обществе

Elle fera rage jusqu'au point où cette guerre éclatera en révolution ouverte

Она будет бушевать до тех пор, пока эта война не перерастет в открытую революцию

et alors le renversement violent de la bourgeoisie jette les bases de l'emprise du prolétariat

и тогда насильственное свержение буржуазии закладывает основу господству пролетариата

Jusqu'à présent, toute forme de société a été fondée, comme nous l'avons déjà vu, sur l'antagonisme des classes oppressives et opprimées

До сих пор всякая форма общества основывалась, как мы уже видели, на антагонизме угнетенных и угнетенных классов

Mais pour opprimer une classe, il faut lui assurer certaines conditions

Но для того, чтобы угнетать класс, ему должны быть обеспечены определенные условия

La classe doit être maintenue dans des conditions dans lesquelles elle peut, au moins, continuer son existence servile

Класс должен содержаться в условиях, при которых он может, по крайней мере, продолжать свое рабское существование

Le serf, à l'époque du servage, s'élevait lui-même au rang d'adhérent à la commune

Крепостной крестьянин в период крепостного права возвысил себя до членства в общине

de même que la petite bourgeoisie, sous le joug de l'absolutisme féodal, a réussi à se développer en bourgeoisie

точно так же, как мелкая буржуазия под гнетом феодального абсолютизма успела развиться в буржуазию

L'ouvrier moderne, au contraire, au lieu de s'élever avec les progrès de l'industrie, s'enfonce de plus en plus profondément

Современный рабочий, напротив, вместо того, чтобы подниматься вместе с прогрессом промышленности, опускается все глубже и глубже

il s'enfonce au-dessous des conditions d'existence de sa
propre classe

Он опускается ниже условий существования своего класса

Il devient pauvre, et le paupérisme se développe plus
rapidement que la population et la richesse

Он становится нищим, а пауперизм развивается быстрее,
чем население и богатство

Et c'est là qu'il devient évident que la bourgeoisie n'est plus
apte à être la classe dominante dans la société

И здесь становится очевидным, что буржуазия уже
непригодна для того, чтобы быть господствующим
классом в обществе

et elle n'est pas digne d'imposer ses conditions d'existence à
la société comme une loi prépondérante

И она непригодна для того, чтобы навязывать обществу
свои условия существования в качестве высшего закона

Il est inapte à gouverner parce qu'il est incompétent pour
assurer une existence à son esclave dans son esclavage

Она непригодна для управления, потому что она
неспособна обеспечить существование своему рабу в его
рабстве

parce qu'il ne peut s'empêcher de le laisser sombrer dans un
tel état, qu'il doit le nourrir, au lieu d'être nourri par lui

потому что она не может не позволить ему впасть в такое
состояние, что она должна кормить его, вместо того, чтобы
быть накормленной им

La société ne peut plus vivre sous cette bourgeoisie

Общество не может больше жить при этой буржуазии

En d'autres termes, son existence n'est plus compatible avec
la société

Иными словами, его существование больше не совместимо
с обществом

La condition essentielle de l'existence et de l'influence de la
classe bourgeoise est la formation et l'accroissement du
capital

Существенным условием существования и господства класса буржуазии является образование и увеличение капитала

La condition du capital, c'est le salariat-travail

Условием капитала является наемный труд

Le travail salarié repose exclusivement sur la concurrence entre les travailleurs

Наемный труд покоится исключительно на конкуренции между рабочими

Le progrès de l'industrie, dont le promoteur involontaire est la bourgeoisie, remplace l'isolement des ouvriers

Развитие промышленности, невольным покровителем которой является буржуазия, заменяет изоляцию рабочих

en raison de la concurrence, en raison de leur combinaison révolutionnaire, en raison de l'association

за счет конкуренции, за счет их революционного сочетания, за счет объединения

Le développement de l'industrie moderne lui coupe sous les pieds les fondements mêmes sur lesquels la bourgeoisie produit et s'approprie les produits

Развитие современной промышленности выбивает у нее из-под ног самый фундамент, на котором буржуазия производит и присваивает продукты

Ce que la bourgeoisie produit avant tout, ce sont ses propres fossoyeurs

Буржуазия производит, прежде всего, своих могильщиков

La chute de la bourgeoisie et la victoire du prolétariat sont également inévitables

Падение буржуазии и победа пролетариата одинаково неизбежны

Prolétaires et communistes
Пролетарии и коммунисты

Quel est le rapport des communistes vis-à-vis de l'ensemble des prolétaires ?
В каком отношении находятся коммунисты к пролетариям в целом?

Les communistes ne forment pas un parti séparé opposé aux autres partis de la classe ouvrière
Коммунисты не образуют отдельной партии, противостоящей другим рабочим партиям

Ils n'ont pas d'intérêts séparés de ceux du prolétariat dans son ensemble
У них нет интересов, обособленных и обособленных от интересов пролетариата в целом

Ils n'établissent pas de principes sectaires qui leur soient propres pour façonner et modeler le mouvement prolétarien
Они не устанавливают никаких собственных сектантских принципов, которыми можно было бы формировать и лепить пролетарское движение

Les communistes ne se distinguent des autres partis ouvriers que par deux choses
Коммунисты отличаются от других рабочих партий только двумя вещами

Premièrement, ils signalent et mettent en avant les intérêts communs de l'ensemble du prolétariat, indépendamment de toute nationalité
Во-первых, они указывают и выдвигают на первый план общие интересы всего пролетариата, независимо от всякой национальности

C'est ce qu'ils font dans les luttes nationales des prolétaires des différents pays
Так они поступают в национальной борьбе пролетариев разных стран

Deuxièmement, ils représentent toujours et partout les intérêts du mouvement dans son ensemble

Во-вторых, они всегда и везде представляют интересы движения в целом

c'est ce qu'ils font dans les différents stades de développement par lesquels doit passer la lutte de la classe ouvrière contre la bourgeoisie

Это происходит на различных ступенях развития, через которые должна пройти борьба рабочего класса с буржуазией

Les communistes sont donc, d'une part, pratiquement, la section la plus avancée et la plus résolue des partis ouvriers de tous les pays

Таким образом, коммунисты являются, с одной стороны, практически самой передовой и решительной частью рабочих партий каждой страны

Ils sont cette section de la classe ouvrière qui pousse en avant toutes les autres

Они являются той частью рабочего класса, которая толкает вперед всех остальных

Théoriquement, ils ont aussi l'avantage de bien comprendre la ligne de marche

Теоретически у них также есть преимущество в том, что они четко понимают линию марша

C'est ce qu'ils comprennent mieux par rapport à la grande masse du prolétariat

Это они понимают лучше по сравнению с огромной массой пролетариата

Ils comprennent les conditions et les résultats généraux ultimes du mouvement prolétarien

Они понимают условия и конечные общие результаты пролетарского движения

Le but immédiat du Parti communiste est le même que celui de tous les autres partis prolétariens

Ближайшая цель коммунистов та же, что и у всех других пролетарских партий

Leur but est la formation du prolétariat en classe

Их целью является превращение пролетариата в класс

ils visent à renverser la suprématie de la bourgeoisie

они стремятся свергнуть господство буржуазии

la conquête du pouvoir politique par le prolétariat

Борьба пролетариата за завоевание политической власти

Les conclusions théoriques des communistes ne sont
nullement basées sur des idées ou des principes de
réformateurs

Теоретические выводы коммунистов никоим образом не
основаны на идеях или принципах реформаторов

ce ne sont pas des prétendus réformateurs universels qui ont
inventé ou découvert les conclusions théoriques des
communistes

Не мнимые универсальные реформаторы изобрели или
открыли теоретические выводы коммунистов

Ils ne font qu'exprimer, en termes généraux, des rapports
réels qui naissent d'une lutte de classe existante

Они лишь выражают в общих чертах действительные
отношения, вытекающие из существующей классовой
борьбы

Et ils décrivent le mouvement historique qui se déroule sous
nos yeux et qui a créé cette lutte des classes

И они описывают историческое движение, происходящее
на наших глазах и создавшее эту классовую борьбу

L'abolition des rapports de propriété existants n'est pas du
tout un trait distinctif du communisme

Уничтожение существующих отношений собственности
вовсе не является отличительной чертой коммунизма

Dans le passé, toutes les relations de propriété ont été
continuellement sujettes à des changements historiques

Все отношения собственности в прошлом постоянно
подвергались историческим изменениям

et ces changements ont été consécutifs au changement des
conditions historiques

И эти изменения были следствием изменения
исторических условий

La Révolution française, par exemple, a aboli la propriété féodale au profit de la propriété bourgeoise

Французская революция, например, отменила феодальную собственность в пользу буржуазной собственности

Le trait distinctif du communisme n'est pas l'abolition de la propriété, en général

Отличительной чертой коммунизма вообще не является уничтожение собственности

mais le trait distinctif du communisme, c'est l'abolition de la propriété bourgeoise

но отличительной чертой коммунизма является уничтожение буржуазной собственности

Mais la propriété privée de la bourgeoisie moderne est l'expression ultime et la plus complète du système de production et d'appropriation des produits

Но современная буржуазия частная собственность является окончательным и наиболее полным выражением системы производства и присвоения продуктов

C'est l'état final d'un système basé sur les antagonismes de classe, où l'antagonisme de classe est l'exploitation du plus grand nombre par quelques-uns

Это конечное состояние системы, основанной на классовых антагонизмах, где классовый антагонизм — это эксплуатация многих меньшинством

En ce sens, la théorie des communistes peut se résumer en une seule phrase ; l'abolition de la propriété privée

В этом смысле теория коммунистов может быть резюмирована в одном предложении; Отмена частной собственности

On nous a reproché, à nous communistes, de vouloir abolir le droit d'acquérir personnellement des biens

Нас, коммунистов, упрекают в желании уничтожить право личного приобретения собственности

On prétend que cette propriété est le fruit du travail de l'homme

Утверждается, что это свойство является плодом собственного труда человека

et cette propriété est censée être le fondement de toute liberté, de toute activité et de toute indépendance individuelles.

И эта собственность якобы является основой всякой личной свободы, деятельности и независимости.

« Propriété durement gagnée, auto-acquise, auto-gagnée ! »

«С трудом завоёванная, самостоятельно приобретённая, самостоятельно заработанная собственность!»

Voulez-vous dire la propriété du petit artisan et du petit paysan ?

Вы имеете в виду собственность мелкого ремесленника и мелкого крестьянина?

Voulez-vous parler d'une forme de propriété qui a précédé la forme bourgeoise ?

Вы имеете в виду форму собственности, предшествовавшую буржуазной форме?

Il n'est pas nécessaire de l'abolir, le développement de l'industrie l'a déjà détruit dans une large mesure

Нет нужды отменять это, развитие промышленности уже в значительной степени разрушило её

et le développement de l'industrie continue de la détruire chaque jour

А развитие промышленности до сих пор ежедневно разрушает её

Ou voulez-vous parler de la propriété privée de la bourgeoisie moderne ?

Или вы имеете в виду современную буржуазную частную собственность?

Mais le travail salarié crée-t-il une propriété pour l'ouvrier ?

Но создаёт ли наёмный труд какую-либо собственность для рабочего?

Non, le travail salarié ne crée pas une parcelle de ce genre de propriété !

Нет, наемный труд не создает ни кусочка такой собственности!

Ce que le travail salarié crée, c'est du capital ; ce genre de propriété qui exploite le travail salarié

То, что создает наемный труд, есть капитал; тот вид собственности, который эксплуатирует наемный труд

Le capital ne peut s'accroître qu'à la condition d'engendrer une nouvelle offre de travail salarié pour une nouvelle exploitation

Капитал не может увеличиваться иначе, как при условии возникновения нового предложения наемного труда для новой эксплуатации

La propriété, dans sa forme actuelle, est fondée sur l'antagonisme du capital et du salariat

Собственность в ее теперешней форме основана на антагонизме капитала и наемного труда

Examinons les deux côtés de cet antagonisme

Рассмотрим обе стороны этого антагонизма

Être capitaliste, ce n'est pas seulement avoir un statut purement personnel

Быть капиталистом – значит иметь не только чисто личный статус

Au contraire, être capitaliste, c'est aussi avoir un statut social dans la production

Напротив, быть капиталистом означает также иметь социальный статус в производстве

parce que le capital est un produit collectif ; Ce n'est que par l'action unie de nombreux membres qu'elle peut être mise en branle

потому что капитал является коллективным продуктом; Только совместными действиями многих членов можно привести его в движение

Mais cette action unie n'est qu'un dernier recours, et nécessite en fait tous les membres de la société

Но это объединенное действие является крайней мерой, и на самом деле оно требует всех членов общества

Le capital est converti en propriété de tous les membres de la société

Капитал действительно превращается в собственность всех членов общества

mais le Capital n'est donc pas une puissance personnelle ; c'est un pouvoir social

но капитал, следовательно, не есть личная сила; Это социальная сила

Ainsi, lorsque le capital est converti en propriété sociale, la propriété personnelle n'est pas pour autant transformée en propriété sociale

Таким образом, когда капитал превращается в общественную собственность, личная собственность не превращается тем самым в общественную собственность

Ce n'est que le caractère social de la propriété qui est modifié et qui perd son caractère de classe

Изменяется только общественный характер собственности, который теряет свой классовый характер

Regardons maintenant le travail salarié

Обратимся теперь к наемному труду

Le prix moyen du salariat est le salaire minimum, c'est-à-dire le quantum des moyens de subsistance

Средняя цена наемного труда есть минимальная заработная плата, т. е. величина жизненных средств

Ce salaire est absolument nécessaire dans la simple existence d'un ouvrier

Эта заработная плата абсолютно необходима для простого существования в качестве рабочего

Ce que le salarié s'approprie par son travail ne suffit donc qu'à prolonger et à reproduire une existence nue

Следовательно, того, что наемный рабочий присваивает своим трудом, достаточно только для того, чтобы продлить и воспроизвести голое существование

Nous n'avons nullement l'intention d'abolir cette appropriation personnelle des produits du travail

Мы ни в коем случае не намерены уничтожать это личное присвоение продуктов труда

une appropriation qui est faite pour le maintien et la reproduction de la vie humaine

ассигнования, которые производятся для поддержания и воспроизводства человеческой жизни

Une telle appropriation personnelle des produits du travail ne laisse pas de surplus pour commander le travail d'autrui

Такое личное присвоение продуктов труда не оставляет излишка, с помощью которого можно было бы распоряжаться трудом других

Tout ce que nous voulons supprimer, c'est le caractère misérable de cette appropriation

Все, с чем мы хотим покончить, — это жалкий характер этого присвоения

l'appropriation dont vit l'ouvrier dans le seul but d'augmenter son capital

присвоение, при котором рабочий живет только для того, чтобы приумножить капитал

Il n'est autorisé à vivre que dans la mesure où l'intérêt de la classe dominante l'exige

Ему позволено жить лишь постольку, поскольку этого требуют интересы господствующего класса

Dans la société bourgeoise, le travail vivant n'est qu'un moyen d'augmenter le travail accumulé

В буржуазном обществе живой труд является лишь средством увеличения накопленного труда

Dans la société communiste, le travail accumulé n'est qu'un moyen d'élargir, d'enrichir, de promouvoir l'existence de l'ouvrier

В коммунистическом обществе накопленный труд является лишь средством расширения, обогащения, содействия существованию рабочего

C'est pourquoi, dans la société bourgeoise, le passé domine le présent

Таким образом, в буржуазном обществе прошлое господствует над настоящим

dans la société communiste, le présent domine le passé
в коммунистическом обществе настоящее господствует над прошлым

Dans la société bourgeoise, le capital est indépendant et a une individualité
В буржуазном обществе капитал независим и обладает индивидуальностью

Dans la société bourgeoise, la personne vivante est dépendante et n'a pas d'individualité
В буржуазном обществе живой человек зависим и не обладает индивидуальностью

Et l'abolition de cet état de choses est appelée par la bourgeoisie l'abolition de l'individualité et de la liberté !
А уничтожение этого положения вещей буржуазия называет уничтожением индивидуальности и свободы!

Et c'est à juste titre qu'on l'appelle l'abolition de l'individualité et de la liberté !
И это справедливо называется уничтожением индивидуальности и свободы!

Le communisme vise à l'abolition de l'individualité bourgeoise
Коммунизм направлен на уничтожение индивидуальности буржуазии

Le communisme veut l'abolition de l'indépendance de la bourgeoisie
Коммунизм стремится к уничтожению независимости буржуазии

La liberté de la bourgeoisie est sans aucun doute ce que vise le communisme
Свобода буржуазии — это, несомненно, то, к чему стремится коммунизм

dans les conditions actuelles de production de la bourgeoisie, la liberté signifie le libre-échange, la liberté de vendre et d'acheter

При нынешних условиях производства буржуазии свобода означает свободную торговлю, свободную продажу и куплю

Mais si la vente et l'achat disparaissent, la vente et l'achat gratuits disparaissent également

Но если исчезает продажа и покупка, то исчезает и свободная продажа и покупка

Les « paroles courageuses » de la bourgeoisie sur la vente et l'achat libres n'ont qu'un sens limité

«смелые слова» буржуазии о свободной продаже и покупке имеют смысл только в ограниченном смысле

Ces mots n'ont de sens que par opposition à la vente et à l'achat restreints

Эти слова имеют смысл только в отличие от ограниченной продажи и покупки

et ces mots n'ont de sens que lorsqu'ils s'appliquent aux marchands enchaînés du moyen âge

и эти слова имеют смысл только тогда, когда они применяются к скованным торговцам средневековья

et cela suppose que ces mots aient même un sens dans un sens bourgeois

и это предполагает, что эти слова даже имеют значение в буржуазном смысле

mais ces mots n'ont aucun sens lorsqu'ils sont utilisés pour s'opposer à l'abolition communiste de l'achat et de la vente

но эти слова не имеют смысла, когда они используются для того, чтобы выступить против коммунистической отмены купли-продажи

les mots n'ont pas de sens lorsqu'ils sont utilisés pour s'opposer à l'abolition des conditions de production de la bourgeoisie

Эти слова не имеют смысла, когда они используются для того, чтобы выступить против уничтожения буржуазных условий производства

et ils n'ont aucun sens lorsqu'ils sont utilisés pour s'opposer à l'abolition de la bourgeoisie elle-même

и они не имеют никакого значения, когда они используются для того, чтобы противостоять уничтожению самой буржуазии

Vous êtes horrifiés par notre intention d'en finir avec la propriété privée

Вы в ужасе от того, что мы намерены покончить с частной собственностью

Mais dans votre société actuelle, la propriété privée est déjà abolie pour les neuf dixièmes de la population

Но в вашем нынешнем обществе с частной собственностью уже покончено девять десятых населения

L'existence d'une propriété privée pour quelques-uns est uniquement due à sa non-existence entre les mains des neuf dixièmes de la population

Существование частной собственности для немногих обусловлено исключительно ее отсутствием в руках девяти десятых населения

Vous nous reprochez donc d'avoir l'intention de supprimer une forme de propriété

Поэтому вы упрекаете нас в намерении покончить с формой собственности

Mais la propriété privée nécessite l'inexistence de toute propriété pour l'immense majorité de la société

Но частная собственность обусловливает отсутствие всякой собственности для громадного большинства общества

En un mot, vous nous reprochez d'avoir l'intention de vous débarrasser de vos biens

Одним словом, вы упрекаете нас в намерении покончить с вашей собственностью

Et c'est précisément le cas ; se débarrasser de votre propriété est exactement ce que nous avons l'intention de faire

И это именно так; избавление от вашей собственности - это именно то, что мы намереваемся

À partir du moment où le travail ne peut plus être converti en capital, en argent ou en rente

С того момента, как труд уже не может быть превращён в капитал, деньги или ренту

quand le travail ne peut plus être converti en un pouvoir social monopolisé

когда труд уже не может быть превращён в общественную силу, способную к монополизации

à partir du moment où la propriété individuelle ne peut plus être transformée en propriété bourgeoise

с того момента, когда индивидуальная собственность уже не может быть превращена в собственность буржуазии

à partir du moment où la propriété individuelle ne peut plus être transformée en capital

с того момента, когда индивидуальная собственность уже не может быть превращена в капитал

À partir de ce moment-là, vous dites que l'individualité s'évanouit

Вы говорите, что с этого момента индивидуальность исчезает

Vous devez donc avouer que par « individu » vous n'entendez personne d'autre que la bourgeoisie

Вы должны, следовательно, сознаться, что под «отдельным лицом» вы имеете в виду не что иное, как буржуазию

Vous devez avouer qu'il s'agit spécifiquement du propriétaire de la classe moyenne

Согласитесь, это относится именно к среднему классу, владеющему недвижимостью

Cette personne doit, en effet, être balayée et rendue impossible

Этот человек действительно должен быть сметен с дороги и сделан невозможным

Le communisme ne prive personne du pouvoir de s'approprier les produits de la société

Коммунизм не лишает ни одного человека возможности присваивать продукты общества

tout ce que fait le communisme, c'est de le priver du pouvoir de subjuguer le travail d'autrui au moyen d'une telle appropriation

Все, что делает коммунизм, — это лишает его возможности порабощать чужой труд посредством такого присвоения

On a objecté qu'avec l'abolition de la propriété privée, tout travail cesserait

Возражали, что с уничтожением частной собственности прекратится всякая работа

et il est alors suggéré que la paresse universelle nous rattrapera

И тогда высказывается предположение, что нас настигнет всеобщая лень

D'après cela, il y a longtemps que la société bourgeoise aurait dû aller aux chiens par pure oisiveté

Согласно этому, буржуазное общество давно должно было бы пойти на произвол судьбы из-за безделья

parce que ceux de ses membres qui travaillent, n'acquièrent rien

потому что те из его членов, которые работают, ничего не приобретают

et ceux de ses membres qui acquièrent quoi que ce soit, ne travaillent pas

А те из его членов, которые что-либо приобретают, не работают

L'ensemble de cette objection n'est qu'une autre expression de la tautologie

Все это возражение есть не что иное, как еще одно выражение тавтологии

Il ne peut plus y avoir de travail salarié quand il n'y a plus de capital

Не может быть больше никакого наемного труда, когда нет больше капитала

Il n'y a pas de différence entre les produits matériels et les produits mentaux

Нет никакой разницы между материальными продуктами и ментальными продуктами

Le communisme propose que les deux soient produits de la même manière

Коммунизм предполагает, что и то, и другое производится одним и тем же способом

mais les objections contre les modes communistes de production sont les mêmes

но возражения против коммунистических способов их производства те же самые

pour la bourgeoisie, la disparition de la propriété de classe est la disparition de la production elle-même

Для буржуазии исчезновение классовой собственности есть исчезновение самого производства

Ainsi, la disparition de la culture de classe est pour lui identique à la disparition de toute culture

Таким образом, исчезновение классовой культуры для него тождественно исчезновению всякой культуры

Cette culture, dont il déplore la perte, n'est pour l'immense majorité qu'un simple entraînement à agir comme une machine

Эта культура, об утрате которой он сожалеет, для подавляющего большинства является просто обучением действовать как машина

Les communistes ont bien l'intention d'abolir la culture de la propriété bourgeoise

Коммунисты очень хотят уничтожить культуру буржуазной собственности

Mais ne vous querellez pas avec nous tant que vous appliquez les normes de vos notions bourgeoises de liberté, de culture, de droit, etc

Но не спорьте с нами, пока вы применяете стандарт ваших буржуазных понятий о свободе, культуре, праве и т. д

Vos idées mêmes ne sont que le résultat des conditions de votre production bourgeoise et de la propriété bourgeoise

Самые ваши идеи есть не что иное, как порождение
условий вашего буржуазного производства и буржуазной
собственности

**de même que votre jurisprudence n'est que la volonté de
votre classe érigée en loi pour tous**

Точно так же, как ваша юриспруденция есть не что иное,
как воля вашего класса, превращенная в закон для всех

**Le caractère essentiel et l'orientation de cette volonté sont
déterminés par les conditions économiques créées par votre
classe sociale**

Сущность и направление этой воли определяются
экономическими условиями, создаваемыми вашим
социальным классом

**L'idée fausse égoïste qui vous pousse à transformer les
formes sociales en lois éternelles de la nature et de la raison**

Эгоистичное заблуждение, побуждающее вас превращать
общественные формы в вечные законы природы и разума.

**les formes sociales qui découlent de votre mode de
production et de votre forme de propriété actuels**

общественные формы, проистекающие из вашего
теперешнего способа производства и формы
собственности

**des rapports historiques qui naissent et disparaissent dans le
progrès de la production**

исторические отношения, возникающие и исчезающие в
процессе производства

**cette idée fausse que vous partagez avec toutes les classes
dirigeantes qui vous ont précédés**

Это заблуждение вы разделяете со всеми
предшествовавшими вам правящими классами

**Ce que vous voyez clairement dans le cas de la propriété
ancienne, ce que vous admettez dans le cas de la propriété
féodale**

То, что вы ясно видите в случае древней собственности, то,
что вы допускаете в случае феодальной собственности

ces choses, il vous est bien entendu interdit de les admettre
dans le cas de votre propre forme de propriété bourgeoise

Конечно, вам запрещено признавать эти вещи в
отношении вашей собственной буржуазной формы
собственности

**Abolition de la famille ! Même les plus radicaux
s'enflamment devant cette infâme proposition des
communistes**

Упразднение семьи! Даже самые радикальные вспыхивают
от этого гнусного предложения коммунистов

**Sur quelle base se fonde la famille actuelle, la famille
bourgeoise ?**

На каком фундаменте зиждется нынешняя семья, семья
буржуазии?

**La fondation de la famille actuelle est basée sur le capital et
le gain privé**

Основа нынешней семьи основана на капитале и личной
выгоде

**Sous sa forme complètement développée, cette famille
n'existe que dans la bourgeoisie**

В своем вполне развитом виде эта семья существует только
среди буржуазии

**Cet état de choses trouve son complément dans l'absence
pratique de la famille chez les prolétaires**

Такое положение вещей дополняется практическим
отсутствием семьи у пролетариев

Cet état de choses se retrouve dans la prostitution publique

Такое положение вещей можно найти в публичной
проституции

**La famille bourgeoise disparaîtra d'office quand son effectif
disparaîtra**

Буржуазная семья исчезнет как нечто само собой
разумеющееся, когда исчезнет ее дополнение

et l'une et l'autre s'évanouiront avec la disparition du capital

И обе эти воли исчезнут с исчезновением капитала

Nous accusez-vous de vouloir mettre fin à l'exploitation des enfants par leurs parents ?

Вы обвиняете нас в том, что мы хотим остановить эксплуатацию детей их родителями?

Nous plaidons coupables de ce crime

В этом преступлении мы признаем себя виновными

Mais, direz-vous, on détruit les relations les plus sacrées, quand on remplace l'éducation à domicile par l'éducation sociale

Но, скажете вы, мы разрушаем самые священные отношения, когда заменяем домашнее воспитание социальным воспитанием

Votre éducation n'est-elle pas aussi sociale ? Et n'est-elle pas déterminée par les conditions sociales dans lesquelles vous éduquez ?

Разве ваше образование не является социальным? И разве это не определяется социальными условиями, в которых вы обучаетесь?

par l'intervention, directe ou indirecte, de la société, par le biais de l'école, etc.

прямым или косвенным вмешательством общества, школами и т.д.

Les communistes n'ont pas inventé l'intervention de la société dans l'éducation

Коммунисты не придумали вмешательство общества в образование

ils ne cherchent qu'à modifier le caractère de cette intervention

Они лишь пытаются изменить характер этого вмешательства

et ils cherchent à sauver l'éducation de l'influence de la classe dirigeante

И они стремятся спасти образование от влияния правящего класса

La bourgeoisie parle de la relation sacrée du parent et de l'enfant

Буржуазия говорит о священных отношениях между родителем и ребенком

mais ce baratin sur la famille et l'éducation devient d'autant plus répugnant quand on regarde l'industrie moderne

но эта болтовня о семье и образовании становится еще более отвратительной, когда мы смотрим на современную промышленность

Tous les liens familiaux entre les prolétaires sont déchirés par l'industrie moderne

Все семейные связи у пролетариев разорваны современной промышленностью

Leurs enfants sont transformés en simples objets de commerce et en instruments de travail

Их дети превращаются в простые предметы торговли и орудия труда

Mais vous, communistes, vous créeriez une communauté de femmes, crie en chœur toute la bourgeoisie

А вы, коммунисты, создали бы женское сообщество, хором кричит вся буржуазия

La bourgeoisie ne voit en sa femme qu'un instrument de production

Буржуазия видит в своей жене простое орудие производства

Il entend dire que les instruments de production doivent être exploités par tous

Он слышит, что орудия производства должны эксплуатироваться всеми

et, naturellement, il ne peut arriver à aucune autre conclusion que celle d'être commun à tous retombera également sur les femmes

И, естественно, он не может прийти ни к какому другому заключению, кроме того, что жребий быть общим для всех также выпадет на долю женщин

Il ne soupçonne même pas qu'il s'agit en fait d'en finir avec le statut de la femme en tant que simple instrument de production

Он даже не подозревает, что реальная цель состоит в том, чтобы покончить со статусом женщин как простых орудий производства

Du reste, rien n'est plus ridicule que l'indignation vertueuse de notre bourgeoisie contre la communauté des femmes

В остальном нет ничего смешнее, чем добродетельное негодование нашей буржуазии по поводу женской общности

ils prétendent qu'elle doit être établie ouvertement et officiellement par les communistes

они делают вид, что она открыто и официально установлена коммунистами

Les communistes n'ont pas besoin d'introduire la communauté des femmes, elle existe depuis des temps immémoriaux

Коммунистам нет нужды вводить женскую общину, она существует почти с незапамятных времен

Notre bourgeoisie ne se contente pas d'avoir à sa disposition les femmes et les filles de ses prolétaires

Наша буржуазия не довольствуется тем, что имеет в своем распоряжении жен и дочерей своих пролетариев

Ils prennent le plus grand plaisir à séduire les femmes de l'autre

Они получают величайшее удовольствие от соблазнения жен друг друга

Et cela ne parle même pas des prostituées ordinaires

И это не говоря уже об обычных проститутках

Le mariage bourgeois est en réalité un système d'épouses en commun

Буржуазный брак в действительности представляет собой систему общих жен

puis il y a une chose qu'on pourrait peut-être reprocher aux communistes

то есть одна вещь, в которой коммунистов можно было бы упрекнуть

Ils souhaitent introduire une communauté de femmes ouvertement légalisée

Они хотят создать открыто легализованное женское сообщество

plutôt qu'une communauté de femmes hypocritement dissimulée

а не лицемерно скрываемое сообщество женщин

la communauté des femmes issues du système de production

Женское сообщество, вытекающее из производственной системы

Abolissez le système de production, et vous abolissez la communauté des femmes

Упраздните систему производства, и вы упраздните женскую общность

La prostitution publique est abolie et la prostitution privée

Упраздняется как публичная проституция, так и частная проституция

On reproche en outre aux communistes de vouloir abolir les pays et les nationalités

Коммунистов еще больше упрекают в том, что они хотят уничтожить страны и национальности

Les travailleurs n'ont pas de patrie, nous ne pouvons donc pas leur prendre ce qu'ils n'ont pas

У трудящихся нет родины, поэтому мы не можем отнять у них то, чего у них нет

Le prolétariat doit d'abord acquérir la suprématie politique

Пролетариат должен прежде всего приобрести политическое господство

Le prolétariat doit s'élever pour être la classe dirigeante de la nation

Пролетариат должен подняться, чтобы стать руководящим классом нации

Le prolétariat doit se constituer en nation

Пролетариат должен стать нацией

elle est, jusqu'à présent, elle-même nationale, mais pas dans le sens bourgeois du mot

она сама пока национальна, хотя и не в буржуазном
смысле этого слова

**Les différences nationales et les antagonismes entre les
peuples s'estompent chaque jour davantage**

Национальные различия и антагонизмы между народами
с каждым днем все более и более исчезают

**grâce au développement de la bourgeoisie, à la liberté du
commerce, au marché mondial**

благодаря развитию буржуазии, свободе торговли,
мировому рынку

**à l'uniformité du mode de production et des conditions de
vie qui y correspondent**

к единообразию в способе производства и в
соответствующих ему условиях жизни

**La suprématie du prolétariat les fera disparaître encore plus
vite**

Господство пролетариата приведет к тому, что они
исчезнут еще быстрее

**L'action unie, du moins dans les principaux pays civilisés,
est une des premières conditions de l'émancipation du
prolétariat**

Объединенные действия, по крайней мере, ведущих
цивилизованных стран, являются одним из первых
условий освобождения пролетариата

**Dans la mesure où l'exploitation d'un individu par un autre
prendra fin, l'exploitation d'une nation par une autre
prendra également fin à**

В той мере, в какой будет прекращена эксплуатация
одного индивида другим, будет прекращена и
эксплуатация одной нации другой.

**À mesure que l'antagonisme entre les classes à l'intérieur de
la nation disparaîtra, l'hostilité d'une nation envers une
autre prendra fin**

По мере того, как исчезает антагонизм между классами
внутри нации, прекращается и враждебность одной нации
к другой

Les accusations portées contre le communisme d'un point de vue religieux, philosophique et, en général, idéologique, ne méritent pas d'être examinées sérieusement

Обвинения против коммунизма, выдвинутые с религиозной, философской и вообще идеологической точки зрения, не заслуживают серьезного рассмотрения

Faut-il une intuition profonde pour comprendre que les idées, les vues et les conceptions de l'homme changent à chaque changement dans les conditions de son existence matérielle ?

Нужна ли глубокая интуиция, чтобы понять, что идеи, взгляды и представления человека меняются с каждым изменением условий его материального существования?

N'est-il pas évident que la conscience de l'homme change lorsque ses relations sociales et sa vie sociale changent ?

Разве не очевидно, что сознание человека изменяется, когда изменяются его общественные отношения и его общественная жизнь?

Qu'est-ce que l'histoire des idées prouve d'autre, sinon que la production intellectuelle change de caractère à mesure que la production matérielle se modifie ?

Что еще доказывает история идей, как не то, что умственное производство изменяет свой характер по мере изменения материального производства?

Les idées dominantes de chaque époque ont toujours été les idées de sa classe dirigeante

Господствующими идеями каждой эпохи всегда были идеи ее господствующего класса

Quand on parle d'idées qui révolutionnent la société, on n'exprime qu'un seul fait

Когда люди говорят об идеях, которые революционизируют общество, они говорят только об одном факте

Au sein de l'ancienne société, les éléments d'une nouvelle société ont été créés

В старом обществе созданы элементы нового

et que la dissolution des vieilles idées va de pair avec la dissolution des anciennes conditions d'existence

и что разложение старых идей идет ровно в ногу с разложением старых условий существования

Lorsque le monde antique était dans ses dernières affresses, les anciennes religions ont été vaincues par le christianisme

Когда древний мир переживал последние агонии, древние религии были побеждены христианством

Lorsque les idées chrétiennes ont succombé au XVIIIe siècle aux idées rationalistes, la société féodale a mené une bataille à mort contre la bourgeoisie alors révolutionnaire

Когда в 18 веке христианские идеи уступили место рационалистическим идеям, феодальное общество вело смертельную битву с тогдашней революционной буржуазией

Les idées de liberté religieuse et de liberté de conscience n'ont fait qu'exprimer l'emprise de la libre concurrence dans le domaine de la connaissance

Идеи религиозной свободы и свободы совести лишь выражали господство свободной конкуренции в области знания

« Sans doute, dira-t-on, les idées religieuses, morales, philosophiques et juridiques ont été modifiées au cours du développement historique »

«Несомненно, — скажут нам, — религиозные, нравственные, философские и юридические идеи видоизменялись в ходе исторического развития»

Mais la religion, la morale, la philosophie, la science politique et le droit ont constamment survécu à ce changement.

«Но религия, мораль, философия, политология и право постоянно переживали эту перемену»

« Il y a aussi des vérités éternelles, telles que la Liberté, la Justice, etc. »

«Есть и вечные истины, такие как Свобода, Справедливость и т.д.»

« Ces vérités éternelles sont communes à tous les états de la société »

«Эти вечные истины являются общими для всех состояний общества»

« Mais le communisme abolit les vérités éternelles, il abolit toute religion et toute morale »

«Но коммунизм упраздняет вечные истины, он уничтожает всякую религию и всякую мораль»

« il fait cela au lieu de les constituer sur une nouvelle base »

«Он делает это вместо того, чтобы конституировать их на новой основе»

« Elle agit donc en contradiction avec toute l'expérience historique passée »

«Следовательно, она действует в противоречии со всем прошлым историческим опытом»

À quoi se réduit cette accusation ?

К чему сводится это обвинение?

L'histoire de toute la société passée a consisté dans le développement d'antagonismes de classe

История всего прошлого общества состояла в развитии классовых антагонизмов

antagonismes qui ont pris des formes différentes selon les époques

антагонизмы, принимавшие различные формы в разные эпохи

Mais quelle que soit la forme qu'ils aient prise, un fait est commun à tous les âges passés

Но какую бы форму они ни принимали, один факт является общим для всех прошлых веков

l'exploitation d'une partie de la société par l'autre

эксплуатация одной части общества другой

Il n'est donc pas étonnant que la conscience sociale des âges passés se meuve à l'intérieur de certaines formes communes ou d'idées générales

Неудивительно поэтому, что общественное сознание прошлых веков движется в пределах некоторых общих форм или общих идей

(et ce, malgré toute la multiplicité et la variété qu'il affiche)

(и это несмотря на всю множественность и разнообразие, которые он демонстрирует)

et ceux-ci ne peuvent disparaître complètement qu'avec la disparition totale des antagonismes de classe

И они не могут полностью исчезнуть иначе, как с полным исчезновением классовых антагонизмов

La révolution communiste est la rupture la plus radicale avec les rapports de propriété traditionnels

Коммунистическая революция – это самый радикальный разрыв с традиционными отношениями собственности

Il n'est donc pas étonnant que son développement implique la rupture la plus radicale avec les idées traditionnelles

Неудивительно, что его развитие предполагает самый радикальный разрыв с традиционными представлениями

Mais finissons-en avec les objections de la bourgeoisie contre le communisme

Но покончим с возражениями буржуазии против коммунизма

Nous avons vu plus haut le premier pas de la révolution de la classe ouvrière

Выше мы видели первый шаг в революции рабочего класса

Le prolétariat doit être élevé à la position de dirigeant, pour gagner la bataille de la démocratie

Пролетариат должен быть поднят на господствующее положение, чтобы выиграть битву за демократию

Le prolétariat usera de sa suprématie politique pour arracher peu à peu tout le capital à la bourgeoisie

Пролетариат воспользуется своим политическим господством для того, чтобы постепенно вырвать у буржуазии весь капитал

elle centralisera tous les instruments de production entre les mains de l'État

она централизует все орудия производства в руках государства

En d'autres termes, le prolétariat s'est organisé en classe dominante

Иными словами, пролетариат организовался как господствующий класс

et elle augmentera le plus rapidement possible le total des forces productives

И это позволит как можно быстрее увеличить совокупность производительных сил

Bien sûr, au début, cela ne peut se faire qu'au moyen d'incursions despotiques dans les droits de propriété

Конечно, на первых порах это может быть достигнуто только путем деспотических посягательств на права собственности

et elle doit être réalisée dans les conditions de la production bourgeoise

и это должно быть достигнуто на условиях буржуазного производства

Elle est donc réalisée au moyen de mesures qui semblent économiquement insuffisantes et intenables

Поэтому она достигается мерами, которые представляются экономически недостаточными и несостоятельными

mais ces moyens, dans le cours du mouvement, se dépassent d'eux-mêmes

Но эти средства в ходе движения опережают сами себя

elles nécessitent de nouvelles incursions dans l'ancien ordre social

Они требуют дальнейшего посягательства на старый общественный порядок

et ils sont inévitables comme moyen de révolutionner entièrement le mode de production

И они неизбежны как средство полной революции в
способе производства
Ces mesures seront bien sûr différentes selon les pays
Конечно, в разных странах эти меры будут разными
**Néanmoins, dans les pays les plus avancés, ce qui suit sera
assez généralement applicable**
Тем не менее, в наиболее развитых странах в целом
применимы следующие положения
**1. L'abolition de la propriété foncière et l'affectation de
toutes les rentes foncières à des fins publiques.**
1. Отмена земельной собственности и использование всей
земельной ренты на общественные нужды.
2. Un impôt sur le revenu progressif ou progressif lourd.
2. Большой прогрессивный или прогрессивный
подоходный налог.
3. Abolition de tout droit d'héritage.
3. Отмена всех прав наследования.
4. Confiscation des biens de tous les émigrés et rebelles.
4. Конфискация имущества всех эмигрантов и
мятежников.
**5. Centralisation du crédit entre les mains de l'État, au
moyen d'une banque nationale à capital d'État et monopole
exclusif.**
5. Централизация кредита в руках государства
посредством национального банка с государственным
капиталом и исключительной монополией.
**6. Centralisation des moyens de communication et de
transport entre les mains de l'État.**
6. Централизация средств сообщения и транспорта в руках
государства.
**7. Extension des usines et des instruments de production
appartenant à l'État**
7. Расширение фабрик и орудий производства,
принадлежащих государству
**la mise en culture des terres incultes, et l'amélioration du sol
en général d'après un plan commun.**

Возделывание пустырей и улучшение почвы вообще в соответствии с общим планом.

8. Responsabilité égale de tous vis-à-vis du travail

8. Равная ответственность всех перед трудом

Mise en place d'armées industrielles, notamment pour l'agriculture.

Создание промышленных армий, особенно для сельского хозяйства.

9. Combinaison de l'agriculture et des industries manufacturières

9. Сочетание сельского хозяйства с обрабатывающими отраслями промышленности

l'abolition progressive de la distinction entre la ville et la campagne, par une répartition plus égale de la population sur le territoire.

постепенное уничтожение различия между городом и деревней путем более равномерного распределения населения по стране.

10. Gratuité de l'éducation pour tous les enfants dans les écoles publiques.

10. Бесплатное образование для всех детей в государственных школах.

Abolition du travail des enfants dans les usines sous sa forme actuelle

Уничтожение детского фабричного труда в его нынешнем виде

Combinaison de l'éducation et de la production industrielle

Совмещение образования с промышленным производством

Quand, au cours du développement, les distinctions de classe ont disparu

Когда в ходе развития классовые различия исчезли

et quand toute la production aura été concentrée entre les mains d'une vaste association de toute la nation

и когда все производство сосредоточено в руках обширного объединения всей нации

alors la puissance publique perdra son caractère politique
Тогда публичная власть потеряет свой политический
характер
**Le pouvoir politique, proprement dit, n'est que le pouvoir
organisé d'une classe pour en opprimer une autre**
Политическая власть, собственно говоря, есть не что иное,
как организованная власть одного класса для угнетения
другого
**Si le prolétariat, dans sa lutte contre la bourgeoisie, est
contraint, par la force des choses, de s'organiser en classe**
Если пролетариат в своей борьбе с буржуазией вынужден
силой обстоятельств организоваться как класс
si, par une révolution, elle se fait la classe dominante
если посредством революции она сделает себя
господствующим классом
**et, en tant que telle, elle balaie par la force les anciennes
conditions de production**
И как таковая она силой сметает старые условия
производства
**alors, avec ces conditions, elle aura balayé les conditions
d'existence des antagonismes de classes et des classes en
général**
то вместе с этими условиями она уничтожила бы и
условия существования классовых антагонизмов и классов
вообще
et aura ainsi aboli sa propre suprématie en tant que classe.
и тем самым упразднит свое собственное господство как
класса.
**A la place de l'ancienne société bourgeoise, avec ses classes
et ses antagonismes de classes, nous aurons une association**
Вместо старого буржуазного общества с его классами и
классовыми антагонизмами мы будем иметь ассоциацию
**une association dans laquelle le libre développement de
chacun est la condition du libre développement de tous**
ассоциация, в которой свободное развитие каждого
является условием свободного развития всех

1) Le socialisme réactionnaire
1) Реакционный социализм

a) Le socialisme féodal
a) Феодальный социализм

**les aristocraties de France et d'Angleterre avaient une
position historique unique**
аристократии Франции и Англии занимали уникальное
историческое положение
**c'est devenu leur vocation d'écrire des pamphlets contre la
société bourgeoise moderne**
Их призванием стало написание памфлетов против
современного буржуазного общества
**Dans la révolution française de juillet 1830 et dans
l'agitation réformiste anglaise**
Во Французской революции 1830 г. и в английской
реформаторской агитации
**Ces aristocraties succombèrent de nouveau à l'odieux
parvenu**
Эти аристократии снова поддались ненавистному
выскочке
**Dès lors, il n'était plus question d'une lutte politique
sérieuse**
С этого момента ни о каком серьезном политическом
соперничестве не могло быть и речи
**Tout ce qui restait possible, c'était une bataille littéraire, pas
une véritable bataille**
Все, что оставалось возможным, это литературная битва, а
не настоящая битва
**Mais même dans le domaine de la littérature, les vieux cris
de la période de la restauration étaient devenus impossibles**
Но даже в области литературы старые крики эпохи
Реставрации стали невозможными
**Pour s'attirer la sympathie, l'aristocratie était obligée de
perdre de vue, semble-t-il, ses propres intérêts**

Чтобы вызвать сочувствие, аристократия вынуждена была забыть, по-видимому, о собственных интересах

et ils ont été obligés de formuler leur réquisitoire contre la bourgeoisie dans l'intérêt de la classe ouvrière exploitée

и они должны были сформулировать свой обвинительный акт против буржуазии в интересах эксплуатируемого рабочего класса

C'est ainsi que l'aristocratie prit sa revanche en chantant des pamphlets sur son nouveau maître

Таким образом, аристократия отомстила, распевая пародии на своего нового хозяина

et ils prirent leur revanche en lui murmurant à l'oreille de sinistres prophéties de catastrophe à venir

И они отомстили, нашептав ему на уши зловещие пророчества о грядущей катастрофе

C'est ainsi qu'est né le socialisme féodal : moitié lamentation, moitié moquerie

Так возник феодальный социализм: наполовину плач, наполовину памфлет

Il sonnait comme un demi-écho du passé, et projetait une demi-menace de l'avenir

Он звучал наполовину как эхо прошлого и наполовину как угроза будущего

parfois, par sa critique acerbe, spirituelle et incisive, il frappait la bourgeoisie au plus profond de lui-même

временами своей горькой, остроумной и острой критикой она поражала буржуазию до глубины души

mais elle a toujours été ridicule dans son effet, par l'incapacité totale de comprendre la marche de l'histoire moderne

Но она всегда была смехотворна по своему эффекту из-за полной неспособности понять ход современной истории

L'aristocratie, pour rallier le peuple à elle, agitait le sac d'aumône prolétarien en guise de bannière

Аристократия, чтобы сплотить вокруг себя народ, размахивала перед собой пролетарским мешком с подаянием за знамя

Mais le peuple, toutes les fois qu'il se joignait à lui, voyait sur son arrière-train les anciennes armoiries féodales

Но народ всякий раз, когда присоединялся к нему, видел на своих задних лапах старые феодальные гербы

et ils désertèrent avec des rires bruyants et irrévérencieux

И они покинули его с громким и непочтительным смехом

Une partie des légitimistes français et de la « Jeune Angleterre » offrit ce spectacle

Одна часть французских легитимистов и «Молодой Англии» устроила это зрелище

les féodaux ont fait remarquer que leur mode d'exploitation était différent de celui de la bourgeoisie

феодалы указывали на то, что их способ эксплуатации отличается от способа эксплуатации буржуазии

Les féodaux oublient qu'ils ont exploité dans des circonstances et des conditions tout à fait différentes

Феодалы забывают, что они эксплуатировали в совершенно иных условиях и обстоятельствах

Et ils n'ont pas remarqué que de telles méthodes d'exploitation sont maintenant désuètes

И не заметили, что такие методы эксплуатации сейчас устарели

Ils ont montré que, sous leur domination, le prolétariat moderne n'a jamais existé

Они показали, что при их правлении современного пролетариата никогда не существовало

mais ils oublient que la bourgeoisie moderne est le produit nécessaire de leur propre forme de société

но они забывают, что современная буржуазия является необходимым порождением их собственной формы общества

Pour le reste, ils dissimulent à peine le caractère réactionnaire de leur critique

В остальном же они едва ли скрывают реакционный характер своей критики

Leur principale accusation contre la bourgeoisie se résume à ceci

их главное обвинение против буржуазии сводится к следующему

sous le régime bourgeois, une classe sociale se développe

при буржуазном режиме развивается социальный класс

Cette classe sociale est destinée à découper de fond en comble l'ancien ordre de la société

Этому социальному классу суждено пересечь корни и ветви старого общественного порядка

Ce qu'ils reprochent à la bourgeoisie, ce n'est pas tant qu'elle crée un prolétariat

Они упрекают буржуазию не столько в том, что она создает пролетариат

ce qu'ils reprochent à la bourgeoisie, c'est plutôt de créer un prolétariat révolutionnaire

то, в чем они упрекают буржуазию, тем более, что она создает революционный пролетариат

Dans la pratique politique, ils se joignent donc à toutes les mesures coercitives contre la classe ouvrière

Поэтому в политической практике они присоединяются ко всем принудительным мерам против рабочего класса

Et dans la vie ordinaire, malgré leurs phrases hautaines, ils s'abaissent à ramasser les pommes d'or tombées de l'arbre de l'industrie

А в обычной жизни, несмотря на свои высокопарные фразы, они наклоняются, чтобы сорвать золотые яблоки, упавшие с дерева промышленности

et ils troquent la vérité, l'amour et l'honneur contre le commerce de la laine, du sucre de betterave et de l'eau-de-vie de pommes de terre

И они обменивают истину, любовь и честь на торговлю шерстью, свекловичным сахаром и картофельным спиртом

De même que le pasteur a toujours marché main dans la main avec le propriétaire foncier, il en a été de même du socialisme clérical et du socialisme féodal

Как священник всегда шел рука об руку с помещиком, так и клерикальный социализм шел рука об руку с феодальным социализмом

Rien n'est plus facile que de donner à l'ascétisme chrétien une teinte socialiste

Нет ничего легче, как придать христианскому аскетизму социалистический оттенок

Le christianisme n'a-t-il pas déclamé contre la propriété privée, contre le mariage, contre l'État ?

Разве христианство не выступало против частной собственности, против брака, против государства?

Le christianisme n'a-t-il pas prêché à la place de la charité et de la pauvreté ?

Разве христианство не проповедовало вместо них милосердие и бедность?

Le christianisme ne prêche-t-il pas le célibat et la mortification de la chair, de la vie monastique et de l'Église mère ?

Разве христианство не проповедует безбрачие и умерщвление плоти, монашескую жизнь и Мать-Церковь?

Le socialisme chrétien n'est que l'eau bénite avec laquelle le prêtre consacre les brûlures du cœur de l'aristocrate

Христианский социализм есть не что иное, как святая вода, которой священник освящает горящие сердца аристократа

b) Le socialisme petit-bourgeois
б) Мелкобуржуазный социализм

L'aristocratie féodale n'est pas la seule classe ruinée par la bourgeoisie
Феодальная аристократия была не единственным классом, разоренным буржуазией
ce n'était pas la seule classe dont les conditions d'existence languissaient et périssaient dans l'atmosphère de la société bourgeoise moderne
Это был не единственный класс, условия существования которого страдали и гибли в атмосфере современного буржуазного общества
Les bourgeois médiévaux et les petits propriétaires paysans ont été les précurseurs de la bourgeoisie moderne
Средневековые горожане и мелкие крестьяне-собственники были предшественниками современной буржуазии
Dans les pays peu développés, tant au point de vue industriel que commercial, ces deux classes végètent encore côte à côte
В тех странах, которые мало развиты в промышленном и торговом отношении, эти два класса все еще прозябают бок о бок
et pendant ce temps, la bourgeoisie se lève à côté d'eux : industriellement, commercialement et politiquement
а между тем буржуазия поднимается рядом с ними: в промышленном, торговом и политическом отношении
Dans les pays où la civilisation moderne s'est pleinement développée, une nouvelle classe de petite bourgeoisie s'est formée
В странах, где современная цивилизация достигла полного развития, образовался новый класс мелкой буржуазии
cette nouvelle classe sociale oscille entre le prolétariat et la bourgeoisie

этот новый социальный класс колеблется между пролетариатом и буржуазией

et elle se renouvelle sans cesse en tant que partie supplémentaire de la société bourgeoise

и она постоянно обновляется как дополнительная часть буржуазного общества

Cependant, les membres individuels de cette classe sont constamment précipités dans le prolétariat

Но отдельные члены этого класса постоянно низвергаются в пролетариат

ils sont aspirés par le prolétariat par l'action de la concurrence

Они поглощаются пролетариатом под действием конкуренции

Au fur et à mesure que l'industrie moderne se développe, ils voient même approcher le moment où ils disparaîtront complètement en tant que section indépendante de la société moderne

По мере развития современной промышленности они даже видят приближение момента, когда они полностью исчезнут как самостоятельная часть современного общества

ils seront remplacés, dans les manufactures, l'agriculture et le commerce, par des surveillants, des huissiers et des boutiquiers

В промышленности, сельском хозяйстве и торговле они будут заменены надзирателями, судебными приставами и лавочниками

Dans des pays comme la France, où les paysans représentent bien plus de la moitié de la population

В таких странах, как Франция, где крестьяне составляют гораздо больше половины населения

il était naturel qu'il y ait des écrivains qui se rangent du côté du prolétariat contre la bourgeoisie

естественно, что там есть писатели, которые встали на сторону пролетариата против буржуазии

dans leur critique du régime bourgeois, ils utilisaient l'étendard de la bourgeoisie paysanne et de la petite bourgeoisie

в своей критике буржуазного режима они пользовались мерилом крестьянской и мелкой буржуазии

et, du point de vue de ces classes intermédiaires, ils prennent le relais de la classe ouvrière

И с точки зрения этих промежуточных классов они берутся за дубину рабочего класса

C'est ainsi qu'est né le socialisme petit-bourgeois, dont Sismondi était le chef de cette école, non seulement en France, mais aussi en Angleterre

Так возник мелкобуржуазный социализм, главой которого был Сисмонди, не только во Франции, но и в Англии

Cette école du socialisme a disséqué avec une grande acuité les contradictions des conditions de la production moderne

Эта школа социализма с большой остротой вскрывала противоречия в условиях современного производства

Cette école a mis à nu les excuses hypocrites des économistes

Эта школа обнажила лицемерные извинения экономистов

Cette école prouva sans conteste les effets désastreux du machinisme et de la division du travail

Эта школа неопровержимо доказала гибельность машин и разделения труда

elle prouvait la concentration du capital et de la terre entre quelques mains

Она доказала концентрацию капитала и земли в немногих руках

elle a prouvé comment la surproduction conduit à des crises bourgeoises

она доказала, как перепроизводство приводит к кризисам буржуазии

il soulignait la ruine inévitable de la petite bourgeoisie et des paysans

она указывала на неизбежное разорение мелкой буржуазии и крестьянства

la misère du prolétariat, l'anarchie de la production, les inégalités criantes dans la répartition des richesses

нищета пролетариата, анархия в производстве, вопиющее неравенство в распределении богатства

Il a montré comment le système de production mène la guerre industrielle d'extermination entre les nations

Она показала, как производственная система ведет индустриальную войну на уничтожение между нациями

la dissolution des vieux liens moraux, des vieilles relations familiales, des vieilles nationalités

Разложение старых нравственных уз, старых семейных отношений, старых национальностей

Dans ses objectifs positifs, cependant, cette forme de socialisme aspire à réaliser l'une des deux choses suivantes

Однако в своих позитивных целях эта форма социализма стремится достичь одного из двух

soit elle vise à restaurer les anciens moyens de production et d'échange

Либо она направлена на восстановление старых средств производства и обмена

et avec les anciens moyens de production, elle rétablirait les anciens rapports de propriété et l'ancienne société

А со старыми средствами производства она восстановила бы старые отношения собственности и старое общество

ou bien elle vise à enfermer les moyens modernes de production et d'échange dans l'ancien cadre des rapports de propriété

Или же она стремится втиснуть современные средства производства и обмена в старые рамки отношений собственности

Dans un cas comme dans l'autre, elle est à la fois réactionnaire et utopique

И в том, и в другом случае она реакционна и утопична

Ses derniers mots sont : guildes corporatives pour la fabrication, relations patriarcales dans l'agriculture

Его последние слова: корпоративные гильдии для мануфактуры, патриархальные отношения в сельском хозяйстве

En fin de compte, lorsque les faits historiques obstinés ont dispersé tous les effets enivrants de l'auto-tromperie

В конце концов, когда упрямые исторические факты рассеяли все опьяняющие эффекты самообмана

cette forme de socialisme se termina par un misérable accès de pitié

эта форма социализма закончилась жалким припадком жалости

c) Le socialisme allemand, ou « vrai »
в) Немецкий, или «истинный», социализм

La littérature socialiste et communiste de France est née sous la pression d'une bourgeoisie au pouvoir
Социалистическая и коммунистическая литература Франции возникла под давлением буржуазии, находившейся у власти
Et cette littérature était l'expression de la lutte contre ce pouvoir
И эта литература была выражением борьбы против этой власти
elle a été introduite en Allemagne à une époque où la bourgeoisie venait de commencer sa lutte contre l'absolutisme féodal
он был введен в Германии в то время, когда буржуазия только начинала борьбу с феодальным абсолютизмом
Les philosophes allemands, les prétendus philosophes et les beaux esprits, s'emparèrent avidement de cette littérature
Немецкие философы, будущие философы и красавицы жадно хватались за эту литературу
mais ils oubliaient que les écrits avaient émigré de France en Allemagne sans apporter avec eux les conditions sociales françaises
но они забыли, что эти произведения иммигрировали из Франции в Германию, не принеся с собой французских социальных условий
Au contact des conditions sociales allemandes, cette littérature française perd toute sa signification pratique immédiate
Соприкасаясь с немецкими социальными условиями, эта французская литература теряла всякое свое непосредственное практическое значение
et la littérature communiste de France a pris un aspect purement littéraire dans les cercles académiques allemands

коммунистическая литература Франции приняла чисто
литературный характер в немецких академических кругах

**Ainsi, les exigences de la première Révolution française
n'étaient rien d'autre que les exigences de la « raison
pratique »**

Таким образом, требования первой французской
революции были не чем иным, как требованиями
«практического разума»

**et l'expression de la volonté de la bourgeoisie française
révolutionnaire signifiait à leurs yeux la loi de la volonté
pure**

и волеизъявление революционной французской
буржуазии означало в их глазах закон чистой воли

**il signifiait la Volonté telle qu'elle devait être ; de la vraie
Volonté humaine en général**

оно означало Волю, какой она должна была быть;
истинной человеческой Воли вообще

**Le monde des lettrés allemands ne consistait qu'à mettre les
nouvelles idées françaises en harmonie avec leur ancienne
conscience philosophique**

Мир немецких литераторов состоял исключительно в том,
чтобы привести новые французские идеи в гармонию с их
древним философским сознанием

**ou plutôt, ils ont annexé les idées françaises sans déserter
leur propre point de vue philosophique**

или, вернее, они аннексировали французские идеи, не
отказываясь от своей собственной философской точки
зрения

**Cette annexion s'est faite de la même manière que l'on
s'approprie une langue étrangère, c'est-à-dire par la
traduction**

Эта аннексия произошла тем же способом, каким
присваивается иностранный язык, а именно путем
перевода

**Il est bien connu comment les moines ont écrit des vies
stupides de saints catholiques sur des manuscrits**

Хорошо известно, как монахи писали над рукописями глупые жития католических святых

les manuscrits sur lesquels les œuvres classiques de l'ancien paganisme avaient été écrites

рукописи, на которых были написаны классические труды древнего язычества

Les lettrés allemands ont inversé ce processus avec la littérature française profane

Немецкие литераторы обратили этот процесс вспять с помощью профанной французской литературы

Ils ont écrit leurs absurdités philosophiques sous l'original français

Они написали свой философский бред под французским оригиналом

Par exemple, sous la critique française des fonctions économiques de l'argent, ils ont écrit « L'aliénation de l'humanité »

Например, под французской критикой экономических функций денег они написали «Отчуждение человечества»

au-dessous de la critique française de l'État bourgeois, ils écrivaient « détrônement de la catégorie du général »

под французской критикой буржуазного государства они писали «свержение категории генерала»

L'introduction de ces phrases philosophiques à la fin des critiques historiques françaises qu'ils ont baptisées :

Введение этих философских фраз в конце французской исторической критики они окрестили:

« Philosophie de l'action », « Vrai socialisme », « Science allemande du socialisme », « Fondement philosophique du socialisme », etc

«Философия действия», «Истинный социализм», «Немецкая наука о социализме», «Философское обоснование социализма» и т. д

La littérature socialiste et communiste française est ainsi complètement émasculée

Таким образом, французская социалистическая и коммунистическая литература была полностью выхолощена

entre les mains des philosophes allemands, elle cessa d'exprimer la lutte d'une classe contre l'autre

в руках немецких философов оно перестало выражать борьбу одного класса с другим

et c'est ainsi que les philosophes allemands se sentaient conscients d'avoir surmonté « l'unilatéralité française »

Таким образом, немецкие философы сознавали, что преодолели «французскую односторонность»

Il n'avait pas à représenter de vraies exigences, mais plutôt des exigences de vérité

Она не должна была представлять истинные требования, скорее, она представляла требования истины

il n'y avait pas d'intérêt pour le prolétariat, mais plutôt pour la nature humaine

не было интереса к пролетариату, скорее, был интерес к человеческой природе

l'intérêt était dans l'Homme en général, qui n'appartient à aucune classe et n'a pas de réalité

интерес был к человеку вообще, который не принадлежит ни к какому классу и не имеет реальности

un homme qui n'existe que dans le royaume brumeux de la fantaisie philosophique

Человек, существующий только в туманном царстве философской фантазии

mais finalement, ce socialisme allemand d'écolier perdit aussi son innocence pédante

но в конце концов и этот школьный немецкий социализм утратил свою педантичную невинность

la bourgeoisie allemande, et surtout la bourgeoisie prussienne, luttait contre l'aristocratie féodale

немецкая буржуазия, и особенно прусская буржуазия, боролась против феодальной аристократии

la monarchie absolue de l'Allemagne et de la Prusse était également combattue

против абсолютной монархии Германии и Пруссии также велась борьба

Et à son tour, la littérature du mouvement libéral est également devenue plus sérieuse

А литература либерального движения, в свою очередь, также стала более серьезной

L'Allemagne a eu l'occasion longtemps souhaitée par le « vrai » socialisme de se voir offrir

Германии была предложена долгожданная возможность для «настоящего» социализма

l'occasion de confronter le mouvement politique aux revendications socialistes

возможность противопоставить политическое движение социалистическим требованиям

l'occasion de jeter les anathèmes traditionnels contre le libéralisme

возможность обрушить традиционные анафемы на либерализм

l'occasion d'attaquer le gouvernement représentatif et la concurrence bourgeoise

возможность нападать на представительное правительство и конкуренцию буржуазии

Liberté de la presse bourgeoise, législation bourgeoise, liberté et égalité bourgeoise

Буржуазия свобода печати, буржуазное законодательство, буржуазия свобода и равенство

Tout cela pourrait maintenant être critiqué dans le monde réel, plutôt que dans la fantaisie

Все это теперь можно было критиковать в реальном мире, а не в фантазиях

L'aristocratie féodale et la monarchie absolue prêchaient depuis longtemps aux masses

Феодальная аристократия и абсолютная монархия издавна проповедовали массам

« L'ouvrier n'a rien à perdre, et il a tout à gagner »

«Трудящемуся нечего терять, и он все приобретает»

le mouvement bourgeois offrait aussi une chance de se confronter à ces platitudes

Буржуазное движение также дало шанс противостоять этим банальностям

la critique française présupposait l'existence d'une société bourgeoise moderne

французская критика предполагала существование современного буржуазного общества

Conditions économiques d'existence de la bourgeoisie et constitution politique de la bourgeoisie

Экономические условия существования буржуазии и политическая конституция буржуазии

les choses mêmes dont la réalisation était l'objet de la lutte imminente en Allemagne

те самые вещи, достижение которых было целью предстоящей борьбы в Германии

L'écho stupide du socialisme en Allemagne a abandonné ces objectifs juste à temps

Глупое эхо социализма в Германии отказалось от этих целей в самый последний момент

Les gouvernements absolus avaient leur suite de pasteurs, de professeurs, d'écuyers de campagne et de fonctionnaires

Абсолютные правительства имели своих последователей в лице священников, профессоров, сельских сквайров и чиновников

le gouvernement de l'époque a répondu aux soulèvements de la classe ouvrière allemande par des coups de fouet et des balles

тогдашнее правительство встречало восстания немецкого рабочего класса порками и пулями

pour eux, ce socialisme était un épouvantail bienvenu contre la bourgeoisie menaçante

для них этот социализм служил желанным пугалом против угрожающей буржуазии

et le gouvernement allemand a pu offrir un dessert sucré après les pilules amères qu'il a distribuées

и немецкое правительство смогло предложить сладкий десерт после горьких пилюль, которые оно раздавало

ce « vrai » socialisme servait donc aux gouvernements d'arme pour combattre la bourgeoisie allemande

Таким образом, этот «истинный» социализм служил правительствам оружием в борьбе с германской буржуазией

et, en même temps, il représentait directement un intérêt réactionnaire ; celle des Philistins allemands

и в то же время она прямо представляла реакционный интерес; У немецких филистимлян

En Allemagne, la petite bourgeoisie est la véritable base sociale de l'état de choses actuel

В Германии класс мелкой буржуазии является действительной социальной основой существующего положения вещей

une relique du XVIe siècle qui n'a cessé de surgir sous diverses formes

Пережиток шестнадцатого века, который постоянно всплывает в различных формах

Conserver cette classe, c'est préserver l'état de choses existant en Allemagne

Сохранить этот класс — значит сохранить существующее положение вещей в Германии

La suprématie industrielle et politique de la bourgeoisie menace la petite bourgeoisie d'une destruction certaine

Промышленное и политическое господство буржуазии грозит мелкой буржуазии верной гибелью

d'une part, elle menace de détruire la petite bourgeoisie par la concentration du capital

с одной стороны, она грозит уничтожением мелкой буржуазии путем концентрации капитала

d'autre part, la bourgeoisie menace de la détruire par l'avènement d'un prolétariat révolutionnaire

с другой стороны, буржуазия грозит погубить ее подъемом революционного пролетариата

Le « vrai » socialisme semblait faire d'une pierre deux coups. Il s'est répandu comme une épidémie

«Настоящий» социализм оказался для того, чтобы убить этих двух зайцев одним выстрелом. Она распространялась как эпидемия

La robe de toiles d'araignées spéculatives, brodée de fleurs de rhétorique, trempée dans la rosée du sentiment maladif

Одеяние спекулятивной паутины, расшитое цветами риторики, пропитанное росой болезненных сантиментов

cette robe transcendantale dans laquelle les socialistes allemands enveloppaient leurs tristes « vérités éternelles »

это трансцендентное одеяние, в которое немецкие социалисты завернули свои жалкие «вечные истины»

tout de peau et d'os, servaient à augmenter merveilleusement la vente de leurs marchandises auprès d'un public aussi

кожа и кости, послужили для того, чтобы чудесным образом увеличить продажу своих товаров среди такой публики

Et de son côté, le socialisme allemand reconnaissait de plus en plus sa propre vocation

Со своей стороны, немецкий социализм все больше и больше признавал свое призвание

on l'appelait à être le représentant grandiloquent de la petite-bourgeoisie philistine

его называли напыщенным представителем мещанского мещанина

Il proclamait que la nation allemande était la nation modèle, et le petit philistin allemand l'homme modèle

Она провозглашала немецкую нацию образцовой нацией, а немецкого мелкого мещанина — образцовым человеком

À chaque méchanceté de cet homme modèle, elle donnait une interprétation socialiste cachée, plus élevée

Каждой злодейской подлости этого образцового человека она давала скрытое, более высокое, социалистическое толкование

cette interprétation socialiste supérieure était l'exact contraire de son caractère réel

это высшее, социалистическое толкование было полной противоположностью его действительному характеру

Il est allé jusqu'à s'opposer directement à la tendance « brutalement destructrice » du communisme

Она дошла до крайности, прямо выступив против «жестоко разрушительной» тенденции коммунизма

et il proclamait son mépris suprême et impartial de toutes les luttes de classes

и она провозглашала свое величайшее и беспристрастное презрение ко всякой классовой борьбе

À de très rares exceptions près, toutes les publications dites socialistes et communistes qui circulent aujourd'hui (1847) en Allemagne appartiennent au domaine de cette littérature nauséabonde et énervante

За очень немногими исключениями, все так называемые социалистические и коммунистические издания, которые теперь (1847 г.) распространяются в Германии, принадлежат к области этой грязной и изнуряющей литературы

2) Le socialisme conservateur ou le socialisme bourgeois
2) Консервативный социализм, или буржуазный социализм

Une partie de la bourgeoisie est désireuse de redresser les griefs sociaux
Часть буржуазии желает загладить социальные обиды
afin d'assurer la pérennité de la société bourgeoise
для того, чтобы обеспечить дальнейшее существование буржуазного общества
C'est à cette section qu'appartiennent les économistes, les philanthropes, les humanitaires
К этой секции относятся экономисты, меценаты, гуманитарии
améliorateurs de la condition de la classe ouvrière et organisateurs de la charité
улучшатели положения рабочего класса и организаторы благотворительности
membres des sociétés de prévention de la cruauté envers les animaux
члены обществ по предотвращению жестокого обращения с животными
fanatiques de la tempérance, réformateurs de toutes sortes imaginables
Фанатики трезвости, реформаторы всех мыслимых и немыслимых
Cette forme de socialisme a, d'ailleurs, été élaborée en systèmes complets
Более того, эта форма социализма превратилась в законченные системы
On peut citer la « Philosophie de la Misère » de Proudhon comme exemple de cette forme
В качестве примера можно привести «Философию отверженности» Прудона
La bourgeoisie socialiste veut tous les avantages des conditions sociales modernes

Социалистическая буржуазия хочет использовать все преимущества современных общественных условий

mais la bourgeoisie socialiste ne veut pas nécessairement des luttes et des dangers qui en résultent

Но социалистическая буржуазия не обязательно хочет борьбы и опасностей

Ils désirent l'état actuel de la société, sans ses éléments révolutionnaires et désintégrateurs

Они желают существующего состояния общества, за вычетом его революционных и разлагающих элементов

c'est-à-dire qu'ils veulent une bourgeoisie sans prolétariat

другими словами, они хотят буржуазии без пролетариата

La bourgeoisie conçoit naturellement le monde dans lequel elle est souveraine d'être la meilleure

Буржуазия, естественно, представляет себе мир, в котором она превыше всего, быть лучшей

et le socialisme bourgeois développe cette conception confortable en divers systèmes plus ou moins complets

и буржуазный социализм развивает эту удобную концепцию в различные более или менее законченные системы

ils voudraient beaucoup que le prolétariat marche droit dans la Nouvelle Jérusalem sociale

они очень хотели бы, чтобы пролетариат немедленно двинулся в социальный Новый Иерусалим

Mais en réalité, elle exige du prolétariat qu'il reste dans les limites de la société existante

Но в действительности она требует, чтобы пролетариат оставался в рамках существующего общества

ils demandent au prolétariat de se débarrasser de toutes ses idées haineuses sur la bourgeoisie

они требуют от пролетариата отбросить все свои ненавистные идеи о буржуазии

il y a une seconde forme plus pratique, mais moins systématique, de ce socialisme

есть и вторая, более практическая, но менее
систематическая форма этого социализма

**Cette forme de socialisme cherchait à déprécier tout
mouvement révolutionnaire aux yeux de la classe ouvrière**

Эта форма социализма стремилась обесценить всякое
революционное движение в глазах рабочего класса

**Ils soutiennent qu'aucune simple réforme politique ne
pourrait leur être d'un quelconque avantage**

Они утверждают, что никакая политическая реформа не
может принести им никакой пользы

**Seul un changement dans les conditions matérielles
d'existence dans les relations économiques est bénéfique**

Только изменение материальных условий существования в
экономических отношениях приносит пользу

**Comme le communisme, cette forme de socialisme prône un
changement des conditions matérielles d'existence**

Как и коммунизм, эта форма социализма выступает за
изменение материальных условий существования

**Cependant, cette forme de socialisme ne suggère nullement
l'abolition des rapports de production bourgeois**

Однако эта форма социализма отнюдь не предполагает
уничтожения буржуазных производственных отношений

**l'abolition des rapports de production bourgeois ne peut se
faire que par la révolution**

уничтожение буржуазных производственных отношений
может быть достигнуто только путем революции

**Mais au lieu d'une révolution, cette forme de socialisme
suggère des réformes administratives**

Но вместо революции эта форма социализма предлагает
административные реформы

**et ces réformes administratives seraient fondées sur la
pérennité de ces relations**

И эти административные реформы будут основываться на
продолжении этих отношений

**réformes qui n'affectent en rien les rapports entre le capital
et le travail**

Таким образом, реформы, которые ни в коей мере не затрагивают отношений между капиталом и трудом

au mieux, de telles réformes réduisent le coût et simplifient le travail administratif du gouvernement bourgeois

в лучшем случае такие реформы уменьшают издержки и упрощают административную работу буржуазного правительства

Le socialisme bourgeois atteint une expression adéquate lorsque, et seulement lorsque, il devient une simple figure de style

Буржуазный социализм достигает адекватного выражения тогда и только тогда, когда он становится простой фигурой речи

Le libre-échange : au profit de la classe ouvrière

Свободная торговля: на благо рабочего класса

Les devoirs protecteurs : au profit de la classe ouvrière

Протекционистские пошлины: в пользу рабочего класса

Réforme pénitentiaire : au profit de la classe ouvrière

Тюремная реформа: на благо рабочего класса

C'est le dernier mot et le seul mot sérieux du socialisme bourgeois

Это последнее и единственное серьезное слово буржуазного социализма

Elle se résume dans la phrase : la bourgeoisie est une bourgeoisie au profit de la classe ouvrière

Она резюмируется фразой: буржуазия есть буржуазия на благо рабочего класса

3) Socialisme et communisme utopiques critiques
3) Критико-утопический социализм и коммунизм

Nous ne nous référons pas ici à la littérature qui a toujours donné la parole aux revendications du prolétariat
Мы не говорим здесь о той литературе, которая всегда выражала требования пролетариата
cela a été présent dans toutes les grandes révolutions modernes, comme les écrits de Babeuf et d'autres
Это присутствовало во всех великих революциях Нового времени, таких как труды Бабефа и других
Les premières tentatives directes du prolétariat pour parvenir à ses propres fins échouèrent nécessairement
Первые прямые попытки пролетариата достичь своих целей неизбежно потерпели неудачу
Ces tentatives ont été faites dans des temps d'effervescence universelle, lorsque la société féodale était renversée
Эти попытки предпринимались во времена всеобщего волнения, когда происходило свержение феодального общества
L'état alors peu développé du prolétariat a conduit à l'échec de ces tentatives
Неразвитое в то время состояние пролетариата привело к тому, что эти попытки потерпели неудачу
et ils ont échoué en raison de l'absence des conditions économiques pour son émancipation
И они потерпели неудачу из-за отсутствия экономических условий для его эмансипации
conditions qui n'avaient pas encore été produites, et qui ne pouvaient être produites que par l'époque de la bourgeoisie
условия, которые еще предстояло создать и которые могли быть созданы одной только надвигающейся эпохой буржуазии
La littérature révolutionnaire qui accompagnait ces premiers mouvements du prolétariat avait nécessairement un caractère réactionnaire

Революционная литература, сопровождавшая эти первые движения пролетариата, неизбежно носила реакционный характер

Cette littérature inculquait l'ascétisme universel et le nivellement social dans sa forme la plus grossière

Эта литература насаждала всеобщий аскетизм и социальную уравниловку в самой грубой форме

Les systèmes socialistes et communistes, proprement dits, naissent au début de la période sous-développée

Социалистическая и коммунистическая системы, собственно говоря, возникают в ранний неразвитый период

Saint-Simon, Fourier, Owen et d'autres, ont décrit la lutte entre le prolétariat et la bourgeoisie (voir section 1)

Сен-Симон, Фурье, Оуэн и др. описали борьбу между пролетариатом и буржуазией (см. раздел 1)

Les fondateurs de ces systèmes voient, en effet, les antagonismes de classe

Основатели этих систем действительно видят классовые антагонизмы

Ils voient aussi l'action des éléments en décomposition, dans la forme dominante de la société

Они видят также действие разлагающихся элементов в господствующей форме общества

Mais le prolétariat, encore à ses débuts, leur offre le spectacle d'une classe sans aucune initiative historique

Но пролетариат, еще находящийся в зачаточном состоянии, представляет для них зрелище класса, лишенного всякой исторической инициативы

Ils voient le spectacle d'une classe sociale sans aucun mouvement politique indépendant

Они видят зрелище социального класса без какого-либо независимого политического движения

Le développement de l'antagonisme de classe va de pair avec le développement de l'industrie

Развитие классового антагонизма идет в ногу с развитием промышленности

La situation économique ne leur offre donc pas encore les conditions matérielles de l'émancipation du prolétariat

Таким образом, экономическое положение еще не дает им материальных условий для освобождения пролетариата

Ils cherchent donc une nouvelle science sociale, de nouvelles lois sociales, qui doivent créer ces conditions

Поэтому они ищут новую общественную науку, новые социальные законы, которые должны создать эти условия

l'action historique, c'est céder à leur action inventive personnelle

историческое действие состоит в том, чтобы уступить их личному изобретательскому действию

Les conditions d'émancipation créées historiquement doivent céder la place à des conditions fantastiques

исторически сложившиеся условия эмансипации должны уступить место фантастическим условиям

et l'organisation de classe graduelle et spontanée du prolétariat doit céder la place à l'organisation de la société

и постепенная, стихийная классовая организация пролетариата должна уступить место организации общества

l'organisation de la société spécialement conçue par ces inventeurs

Организация общества, специально придуманная этими изобретателями

L'histoire future se résout, à leurs yeux, dans la propagande et l'exécution pratique de leurs projets sociaux

Будущая история сводится в их глазах к пропаганде и практическому осуществлению их социальных планов

Dans l'élaboration de leurs plans, ils ont conscience de s'occuper avant tout des intérêts de la classe ouvrière

При формировании своих планов они сознают, что заботятся главным образом об интересах рабочего класса

Ce n'est que du point de vue d'être la classe la plus souffrante que le prolétariat existe pour eux

Только с точки зрения того, что пролетариат является наиболее страдающим классом, существует для них только с точки зрения того, что он является наиболее страдающим классом

L'état sous-développé de la lutte des classes et leur propre environnement informent leurs opinions

Неразвитое состояние классовой борьбы и их собственное окружение формируют их мнения

Les socialistes de ce genre se considèrent comme bien supérieurs à tous les antagonismes de classe

Социалисты такого рода считают себя гораздо выше всех классовых антагонизмов

Ils veulent améliorer la condition de tous les membres de la société, même celle des plus favorisés

Они хотят улучшить положение каждого члена общества, даже самых привилегированных

Par conséquent, ils s'adressent habituellement à la société dans son ensemble, sans distinction de classe

Поэтому они обычно апеллируют к обществу в целом, без различия классов

Bien plus, ils font appel à la société dans son ensemble de préférence à la classe dirigeante

Более того, они апеллируют к обществу в целом, отдавая предпочтение правящему классу

Pour eux, tout ce qu'il faut, c'est que les autres comprennent leur système

Для них все, что требуется, это чтобы другие поняли их систему

Car comment les gens peuvent-ils ne pas voir que le meilleur plan possible est le meilleur état possible de la société ?

Потому что как люди могут не видеть, что наилучший возможный план – это наилучшее возможное состояние общества?

C'est pourquoi ils rejettent toute action politique, et surtout toute action révolutionnaire

Поэтому они отвергают всякое политическое, а тем более революционное действие

ils veulent arriver à leurs fins par des moyens pacifiques

Они хотят достичь своих целей мирными средствами

ils s'efforcent, par de petites expériences, qui sont nécessairement vouées à l'échec

Они пытаются с помощью небольших экспериментов, которые неизбежно обречены на неудачу

et par la force de l'exemple, ils essaient d'ouvrir la voie au nouvel Évangile social

и силой примера они пытаются проложить путь новому социальному Евангелию

De tels tableaux fantastiques de la société future, peints à une époque où le prolétariat est encore dans un état très sous-développé

Такие фантастические картины будущего общества, нарисованные в то время, когда пролетариат находится еще в очень неразвитом состоянии

et il n'a encore qu'une conception fantasmatique de sa propre position

И она все еще имеет лишь фантастическое представление о своем собственном положении

Mais leurs premières aspirations instinctives correspondent aux aspirations du prolétariat

Но их первые инстинктивные стремления совпадают со стремлениями пролетариата

L'un et l'autre aspirent à une reconstruction générale de la société

И те, и другие стремятся к всеобщему переустройству общества

Mais ces publications socialistes et communistes contiennent aussi un élément critique

Но в этих социалистических и коммунистических изданиях есть и критический элемент

Ils s'attaquent à tous les principes de la société existante

Они нападают на все принципы существующего общества

C'est pourquoi ils sont remplis des matériaux les plus précieux pour l'illumination de la classe ouvrière

Поэтому они полны ценнейших материалов для просвещения рабочего класса

Ils proposent l'abolition de la distinction entre la ville et la campagne, et la famille

Они предлагают упразднить различие между городом и деревней, а также семьей

la suppression de l'exercice de l'industrie pour le compte des particuliers

Отмена ведения промышленности за счет частных лиц

et l'abolition du salariat et la proclamation de l'harmonie sociale

отмена системы наемного труда и провозглашение социальной гармонии

la transformation des fonctions de l'État en une simple surveillance de la production

превращение функций государства в простой надзор за производством

Toutes ces propositions ne pointent que vers la disparition des antagonismes de classe

Все эти предложения указывают исключительно на исчезновение классовых антагонизмов

Les antagonismes de classe ne faisaient alors que surgir

Классовые антагонизмы в то время только зарождались

Dans ces publications, ces antagonismes de classe ne sont reconnus que dans leurs formes les plus anciennes, indistinctes et indéfinies

В этих публикациях эти классовые антагонизмы признаются лишь в самых ранних, неясных и неопределенных формах

Ces propositions ont donc un caractère purement utopique

Поэтому эти предложения носят чисто утопический характер

La signification du socialisme et du communisme critiques-utopiques est en relation inverse avec le développement historique

Значение критико-утопического социализма и коммунизма находится в обратном отношении к историческому развитию

La lutte de classe moderne se développera et continuera à prendre une forme définitive

Современная классовая борьба будет развиваться и принимать определенные очертания

Cette réputation fantastique du concours perdra toute valeur pratique

Это фантастическое положение в конкурсе потеряет всякую практическую ценность

Ces attaques fantastiques contre les antagonismes de classe perdront toute justification théorique

Эти фантастические нападки на классовые антагонизмы потеряют всякое теоретическое обоснование

Les initiateurs de ces systèmes étaient, à bien des égards, révolutionnaires

Создатели этих систем были во многих отношениях революционерами

Mais leurs disciples n'ont, dans tous les cas, formé que des sectes réactionnaires

Но их ученики во всех случаях образовывали просто реакционные секты

Ils s'en tiennent fermement aux vues originales de leurs maîtres

Они крепко держатся за первоначальные взгляды своих хозяев

Mais ces vues s'opposent au développement historique progressif du prolétariat

Но эти взгляды противоречат прогрессивному историческому развитию пролетариата

Ils s'efforcent donc, et cela constamment, d'étouffer la lutte des classes

Поэтому они стараются, и притом последовательно, заглушить классовую борьбу

et ils s'efforcent constamment de concilier les antagonismes de classe

И они последовательно стремятся примирить классовые антагонизмы

Ils rêvent encore de la réalisation expérimentale de leurs utopies sociales

Они все еще мечтают об экспериментальной реализации своих социальных утопий

ils rêvent encore de fonder des « phalanstères » isolés et d'établir des « colonies d'origine »

они до сих пор мечтают основать разрозненные "фаланстеры" и основать "Метрополии"

ils rêvent de mettre en place une « Petite Icarie » – éditions duodecimo de la Nouvelle Jérusalem

они мечтают учредить «Малую Икарию» — duodecimo издания Нового Иерусалима

Et ils rêvent de réaliser tous ces châteaux dans les airs

И они мечтают реализовать все эти воздушные замки

Ils sont obligés de faire appel aux sentiments et aux bourses des bourgeois

Они вынуждены взывать к чувствам и кошелькам буржуа

Peu à peu, ils s'enfoncent dans la catégorie des socialistes conservateurs réactionnaires décrits ci-dessus

Постепенно они опускаются в категорию реакционных консервативных социалистов, о которых говорилось выше

ils ne diffèrent de ceux-ci que par une pédanterie plus systématique

Они отличаются от них только более систематической педантичностью

et ils diffèrent par leur croyance fanatique et superstitieuse aux effets miraculeux de leur science sociale

И они отличаются своей фанатичной и суеверной верой в чудодейственные эффекты своей социальной науки

Ils s'opposent donc violemment à toute action politique de la part de la classe ouvrière

Поэтому они яростно противостоят всякому политическому выступлению рабочего класса

une telle action, selon eux, ne peut résulter que d'une incrédulité aveugle dans le nouvel Évangile

такое действие, по их мнению, может быть результатом только слепого неверия в новое Евангелие

Les owénistes en Angleterre et les fouriéristes en France s'opposent respectivement aux chartistes et aux réformistes

Оуэнисты в Англии и фурьеристы во Франции противостоят соответственно чартистам и реформистам

Position des communistes par rapport aux divers partis d'opposition existants
Позиция коммунистов по отношению к различным существующим оппозиционным партиям

La section II a mis en évidence les relations des communistes avec les partis ouvriers existants
Раздел II разъяснил отношение коммунистов к существующим рабочим партиям
comme les chartistes en Angleterre et les réformateurs agraires en Amérique
таких, как чартисты в Англии и аграрные реформаторы в Америке
Les communistes luttent pour la réalisation des objectifs immédiats
Коммунисты борются за достижение ближайших целей
Ils luttent pour l'application des intérêts momentanés de la classe ouvrière
Они борются за навязание сиюминутных интересов рабочего класса
Mais dans le mouvement politique d'aujourd'hui, ils représentent et s'occupent aussi de l'avenir de ce mouvement
Но в политическом движении настоящего они также представляют и заботятся о будущем этого движения
En France, les communistes s'allient avec les social-démocrates
Во Франции коммунисты объединяются с социал-демократами
et ils se positionnent contre la bourgeoisie conservatrice et radicale
и они противопоставляют себя консервативной и радикальной буржуазии
cependant, ils se réservent le droit d'adopter une position critique à l'égard des phrases et des illusions traditionnellement héritées de la grande Révolution

однако они оставляют за собой право занимать критическую позицию по отношению к фразам и иллюзиям, традиционно унаследованным от великой революции

En Suisse, ils soutiennent les radicaux, sans perdre de vue que ce parti est composé d'éléments antagonistes

В Швейцарии они поддерживают радикалов, не упуская из виду, что эта партия состоит из антагонистических элементов

en partie des socialistes démocrates, au sens français du terme, en partie de la bourgeoisie radicale

частью демократических социалистов во французском смысле, частью радикальной буржуазии

En Pologne, ils soutiennent le parti qui insiste sur la révolution agraire comme condition première de l'émancipation nationale

В Польше они поддерживают партию, которая настаивает на аграрной революции как на первом условии национального освобождения

ce parti qui fomenta l'insurrection de Cracovie en 1846

та партия, которая разжигала восстание в Кракове в 1846 году

En Allemagne, ils luttent avec la bourgeoisie chaque fois qu'elle agit de manière révolutionnaire

В Германии борются с буржуазией всякий раз, когда она действует революционно

contre la monarchie absolue, l'escroc féodal et la petite bourgeoisie

против абсолютной монархии, феодальной оруженосности и мелкой буржуазии

Mais ils ne cessent jamais, un seul instant, inculquer à la classe ouvrière une idée particulière

Но они ни на минуту не перестают внушать рабочему классу одну конкретную идею

la reconnaissance la plus claire possible de l'antagonisme hostile entre la bourgeoisie et le prolétariat

яснейшее признание враждебного антагонизма между буржуазией и пролетариатом

afin que les ouvriers allemands puissent immédiatement utiliser les armes dont ils disposent

чтобы немецкие рабочие могли немедленно пустить в ход имеющееся в их распоряжении оружие

les conditions sociales et politiques que la bourgeoisie doit nécessairement introduire en même temps que sa suprématie

социальные и политические условия, которые буржуазия неизбежно должна ввести вместе со своим господством

la chute des classes réactionnaires en Allemagne est inévitable

падение реакционных классов в Германии неизбежно

et alors la lutte contre la bourgeoisie elle-même peut commencer immédiatement

и тогда сразу может начаться борьба с самой буржуазией

Les communistes tournent leur attention principalement vers l'Allemagne, parce que ce pays est à la veille d'une révolution bourgeoise

Коммунисты обращают свое внимание главным образом на Германию, потому что эта страна стоит накануне буржуазной революции

une révolution qui ne manquera pas de s'accomplir dans des conditions plus avancées de la civilisation européenne

революцию, которая должна быть совершена в более развитых условиях европейской цивилизации

Et elle ne manquera pas de se faire avec un prolétariat beaucoup plus développé

И она неизбежно будет осуществлена с гораздо более развитым пролетариатом

un prolétariat plus avancé que celui de l'Angleterre au XVIIe siècle, et celui de la France au XVIIIe siècle

В XVII веке пролетариат был более передовым, чем в Англии, а в XVIII веке — во Франции

et parce que la révolution bourgeoise en Allemagne ne sera que le prélude d'une révolution prolétarienne qui suivra immédiatement

и потому, что буржуазная революция в Германии будет лишь прелюдией к непосредственно следующей за ней пролетарской революции

Bref, partout les communistes soutiennent tout mouvement révolutionnaire contre l'ordre social et politique existant

Короче говоря, коммунисты повсюду поддерживают всякое революционное движение против существующего общественного и политического порядка вещей

Dans tous ces mouvements, ils mettent au premier plan, comme la question maîtresse de chacun d'eux, la question de la propriété

Во всех этих движениях они выдвигают, как ведущий вопрос в каждом, вопрос о собственности

quel que soit son degré de développement dans ce pays à ce moment-là

Независимо от того, какова степень ее развития в этой стране в данный момент

Enfin, ils œuvrent partout pour l'union et l'accord des partis démocratiques de tous les pays

Наконец, они повсюду борются за объединение и согласие демократических партий всех стран

Les communistes dédaignent de dissimuler leurs vues et leurs objectifs

Коммунисты не стесняются скрывать свои взгляды и цели

Ils déclarent ouvertement que leurs fins ne peuvent être atteintes que par le renversement par la force de toutes les conditions sociales existantes

Они открыто заявляют, что их цели могут быть достигнуты только насильственным ниспровержением всех существующих общественных строев

Que les classes dirigeantes tremblent devant une révolution communiste

Пусть господствующие классы трепещут перед коммунистической революцией

Les prolétaires n'ont rien d'autre à perdre que leurs chaînes

Пролетариям нечего терять, кроме своих цепей

Ils ont un monde à gagner

У них есть мир, который нужно победить

TRAVAILLEURS DE TOUS LES PAYS, UNISSEZ-VOUS !

ПРОЛЕТАРИИ ВСЕХ СТРАН, СОЕДИНЯЙТЕСЬ!